57	WORTE, NICHTS ALS WORTE
64	BARUCH HASCHEM
67	STUDIUM
72	ROTE BETE
77	WER BIN ICH
82	JUDE
88	DER ANRUF DES MOSSAD
94	DAS FEST DER LIEBE
98	HOKUSPOKUS – DREIMAL SCHWARZER KATER
107	JÜDISCHE MAME
114	CHAI
118	BEKENNTNIS
123	DIE NEUE GENERATION
128	UNSCHULD
132	JÜDISCHER FEMINISMUS
134	TRAUMMANN
141	DER FRISÖR
148	WAS BLEIBT
149	DER ANFANG
156	GLOSSAR

INHALT

7 DAS ENDE

11 DIE HOCHZEIT

18 GESCHENKE

20 GESCHIRR

22 UNKOSCHER

27 DER KNOCHEN

29 HERR DOKTOR

30 DER BESTE FREUND MEINER ELTERN

32 DER KLAPPS

34 KRÄMER

39 DIE NEUE WELT

42 BAT MITZWAH AUF TSCHECHISCH

45 »HEIL HITLER!«

48 MY NAME IS PETR ČERNÝ

51 ÜBERGEWICHT

Eine **Gemeinschaft** ist umso stabiler, je **vielfältiger** sie ist.

Barbara Bišický-Ehrlich

Der Rabbiner ohne Schuh

Kuriositäten aus meinem fast koscheren Leben

DAS ENDE

Ich schritt die Treppen hinunter. Zwar zitterten mir die Knie, mein Herz schlug mir bis zum Hals, ich atmete schwer und mein Brustkorb bebte, aber aufrecht und stolz, erhobenen Hauptes verließ ich das Synagogengebäude. Die Gedanken sprangen wie kleine Kobolde in meinem Kopf herum: Habe ich ihm jetzt eins ausgewischt? ... Ich muss zu den Kindern. ... Was koche ich zum Abendessen? ... Ich muss die Wäsche machen ... Warum hat der eine Rabbiner die Schuhe ausgezogen? ... Was war das gerade? ... Die konnten alle kein Deutsch. Meine arme Mama! Steht auf Honzas Grabstein ein jüdischer Name? Verdammt! Die Wäsche ... die Fußballschuhe ... die Kleine muss unbedingt Haare waschen ... Rieche ich nach Schweiß? ...

»Hiermit bestätigen wir, dass die o.g. Personen am zweiten Tag der Woche (Montag), dem 24. Tag des Monats Nissan im Jahre 5776 nach der jüdischen Zeitrechnung (2. Mai 2016) vor dem zentralen Beit Din Deutschlands in Zusammenarbeit mit dem Oberrabbinat des Staates Israel geschieden worden sind.«

Dieses Schreiben trudelte etwa drei Monate später in zweifacher Ausführung – Deutsch und Hebräisch – in meinem Briefkasten ein. Auf dem Dokument zwei Fotos – eines von mir und eines von meinem Exmann. Die hebräische Version, die ich nicht lesen kann, könnte genauso gut ein Steckbrief des Mossad sein. Gesucht: zwei Idioten! Zwei dumme Esel, die ungeduldig und rastlos auf der Suche nach Glück sind. Hilflos, nicht ahnend, dass sie vor eben diesem flüchten, je mehr sie sich von sich selbst entfernen. Was, verdammt nochmal, ist der Beit Din? ... Der Sekretär der obersten Rabbinerkonferenz spielte früher mit meinem Bruder Tischtennis ... Seit wann ist ein Mann Sekretär? ... Ist das frauenfeindlich?

Seit der schriftlichen Bestätigung meines »Get« – der jüdischen Scheidung vor Gott – bekomme ich regelmäßig virtuelle Post von der orthodoxen Rabbinerkonferenz, von deren Existenz ich bis dahin nicht einmal wusste. Als die erste Mail kam, ging es mir durch Mark und Bein: Hatten die etwa einen Fehler gemacht? Wird die Scheidung annulliert? Muss ich da noch einmal hin? Nein, es war schlichtweg Werbung. Eine Religion, die mit Mails für sich wirbt?! Wöchentlich erhalte ich seither elektronische Post. Inhalt: die Parascha der Woche in Kürze und ihr »Konzept«, also die Erörterung dazu, abschließend die Frage der Woche und deren Lösung. Außerdem bietet man mir auch noch diese fantastische Möglichkeit:

»Jetzt können Sie das Daf der Paraschat Haschawua auch als PDF-Datei herunterladen.«

Und ich werde über die aktuellen Publikationen der orthodoxen Rabbinerkonferenz informiert und vor allem über deren Preise.

Eigenartig ist nur der Zeitpunkt, wann die Herren angefangen haben, mir die Informationen zu schicken: direkt nach dem »Get«! Soll mir das sagen: »Kind, du bist vom Wege abgekommen und wir leiten dich«? Oder ist es hier einfach wie bei einem Onlinekauf: einmal die E-Mail-Adresse angegeben und schon wird man zum Opfer der Werbeattacken? Sind sie einfach nur gute Geschäftsleute? Ich werde allerdings das Gefühl nicht los, in den Augen der ORD, der Orthodoxen Rabbiner Konferenz, doch ein klein wenig unartig zu sein, und nun haben sie den Wunsch, mich zurück in ihre Reihen zu holen. Als sei ich jemals dort gewesen.

Heißt es nicht immer, Juden missionierten nicht? Stimmt, Juden missionieren nicht, sie gehen nicht herum und sagen: Werde Jude, dann wirst du glücklich und erlöst von allem Unheil! Nein, wir Juden machen das viel subtiler. Wir sagen: »Ojojoj, so schwer unsere Last! Sei froh, dass du kein Jude bist. Diese vielen Feiertage, der viele Alkohol, die vielen Gebote und vor allem diese unglaublich engen Familienbande … die nehmen uns die Luft zum Atmen. Das Leben als Nichtjude muss viel einfacher sein.« Wir Juden machen uns auf entgegengesetzte Weise interessant. Spätestens aber, wenn ein Nichtjude einmal auf einer jüdischen Familienfeier war, ist er fasziniert und verzaubert vom Charme, Humor, der Herzlichkeit und der Fähigkeit zum Feiern.

Nach der Bar Mitzwah meines Sohnes schrieb ein Freund: »Was für ein fantastisches Fest! Im nächsten Leben wechsle ich den Verein.« Und zack, ein neues Schäfchen für die nächste Generation gewonnen. Der Wodka und die schönen Frauen in viel zu engen Kleidern spielten sicher keine Rolle.

Eine gute Bekannte sagte mir einmal, wenn ein Nichtjude einmal mit einem Juden zusammen war, so wird der Nichtjude danach entweder zum Antisemiten oder kann nie wieder mit Nichtjuden zusammen sein. Ob das tatsächlich so ist, weiß ich nicht, aber der Gedanke ist ein wenig irritierend. Das würde uns Juden zu einer Art allgemeinem Suchtmittel machen. Man liebt oder verabscheut uns. Dazwischen liegt relativ wenig, am seltensten die Gleichgültigkeit. Erklärt das vielleicht die Abneigung gegen uns?

DIE HOCHZEIT

Meine Scheidung war die notwendige Konsequenz des Zustandekommens dieser Ehe. Für die zivile Trauung im Standesamt baten wir unsere Brüder, Trauzeugen zu sein: der eine bereits geschieden, der andere Junggeselle. Also perfekt geeignet, um uns den Segen für einen »ewigen Lebensbund« zu geben.

Der Rabbiner, der Lior und mich dann etwa sechs Monate später unter der Chuppah, dem Baldachin, traute, war damals schon zum dritten Mal verheiratet. Ursprünglich arbeitete er als Dramatiker, dann konvertierte er zum Judentum, studierte Judaistik in Heidelberg und Israel, schließlich wurde er sogar zum Oberrabbiner gewählt. Was ihn aber nicht daran gehindert hat, sich später ein weiteres Mal scheiden zu lassen und heute mit einer 35 Jahre jüngeren Frau zusammenzuleben. Die Trauzeugen für die jüdische Hochzeit sollten möglichst etwas von Religion verstehen, im Idealfall sogar Shomer Shabbat sein, also den Shabbat halten. Solche Zeugen konnten wir beide mit unseren Freundeskreisen nicht bieten, aber die Freunde von Lior, meinem Bräutigam, waren wenigstens in der Lage, hebräisch zu lesen, und kannten die Riten und Bräuche. Also boten wir auf, was wir finden konnten, und wählten so sensibel wie möglich: Der eine war ein – heute zum zweiten Mal – geschiedener bunter Vogel des Frankfurter Nachtlebens und der andere ein umtriebiger Junggeselle. Alle Sterne waren also, im Nachhinein betrachtet, nicht besonders günstig, alles widersprach der ursprünglichen Idee der religiösen und gesellschaftlichen Institutionen von einer Ehe, von Moral, Anstand und heiligem Segen. Wir hatten nur die Vorzeichen nicht verstanden, hatten es doch gut gemeint: Wir wollten jüdisch heiraten, mit den richtigen Trauzeugen, mit den richtigen Namen und in der richtigen Stadt.

In Prag fanden die jüdische Hochzeitszeremonie, mit Rabbiner und Kantor unter dem Baldachin, und die anschließende Feier statt. In der Stadt, die wie keine andere vor dem Krieg die Verschmelzung der drei Kulturen repräsentierte, der tschechischen, der deutschen und der jüdischen.

Meine Mutter hatte sich das sehr gewünscht. Als emigrierte Tschechin hatte sie sich in den Jahren des Exils ein heiliges, gelobtes Land zusammenfantasiert, das alle kennen und lieben mussten! Wir nickten ihren Wunsch brav ab und sahen zwei Vorteile: Erstens hatte es in der verwöhnten jüdischen Gesellschaft von Frankfurt nie zuvor eine Feier in Prag gegeben und zweitens könnte Tschechien, nur wenige Jahre nach der Wende, ein recht günstiges Pflaster für ein solch spektakuläres Fest werden. Mama nahm die Organisation in die Hand und entspannt ließen wir sie gewähren.

Im Vorgespräch mit dem Prager Rabbiner fragte dieser uns nach unseren Namen. Jeder Jude braucht auch einen jüdischen Namen, mit dem er im Gottesdienst in der Synagoge zur Lesung der Thora aufgerufen werden kann – so auch der Vater der Braut. Der Rabbiner wollte den Namen meines Vaters wissen. Ich wurde nervös und stammelte vor mich hin: »Ähm, also, mein Vater heißt Honza. Also Jan. Reicht das?« (Honza ist die tschechische Koseform von Jan.) Der Rabbiner fragte: »Hat er keinen jüdischen Namen?« Unsicher stotterte ich: »Ich weiß nicht. Ich glaube nicht.« Ich hielt den Atem an und vermutete schon, dass Lior mich innerlich verfluchte, weil ich in Prag heiraten wollte. Die spezielle Ostblock-Atmosphäre war 2001 noch mit jeder Pore spürbar: Korruption, Ungeduld und Neid lauerten in allen Gesellschaftsschichten wie giftige Schlangen. Möglicherweise glaubte Lior mir nun auch gar nicht mehr, dass ich Jüdin war. Immerhin hatte mein Vater keinen jüdischen Namen und konnte auch nicht aus der Thora lesen. War nicht auch die erste Frage von Liors Mutter gewesen, als er ihr von mir berichtet hatte: »Ist sie überhaupt Jüdin? Ich kenne die Familie gar nicht.«

Der Rabbiner strich sich über den Bart, kratzte ihn ein wenig, zog die Mundwinkel nach unten und rief freudig: »Aaaaaach, nicht schlimm. Jan ... Jan ... Jan ... Wir nennen ihn einfach: Chanan!« Er öffnete beide Arme, als wollte er unseren Applaus entgegennehmen, und ich atmete auf. So einfach war das also.

Und jetzt: die richtige Location, etwas Gutes zu essen, und Musik. Für Musik war recht schnell gesorgt. Lior buchte einfach die Hochzeitsband, die damals gerade von jüdischer Feier zu jüdischer Feier gereicht wurde und ein Stimmungsgarant war. Die Chuppah, die es in der Prager Gemeinde gab, war eine tragbare, ließ sich also nicht befestigen, so wie das in alten Zeiten üblich war. Da wir aber unseren Freunden nicht zumuten wollten, die ganze Prozedur hindurch den Baldachin zu tragen, und wir ihn ohnehin auch mit Blumenschmuck versehen wollten, liehen wir uns einfach die Chuppah der Frankfurter Gemeinde. Ich glaube, das war eher unüblich, aber wir fanden es ziemlich lässig, mit geliehener Chuppah – dem Symbol für unser künftiges jüdisches Heim – im Auto nach Prag zu fahren.

Die richtige Location besorgte uns ein Freund meiner Mutter, der Eventmanager war. Meine Mutter war hellauf begeistert: »Bára, ihr könnt im Žofín heiraten!« Im was? »Na im Palais Žofín, dem prächtigen Neorenaissance-Gebäude mitten auf der Moldau.« Dieses Palais ist eines der bedeutendsten Zentren des politischen, kulturellen und gesellschaftlichen Lebens in Prag. Ein Ort, an dem feudale Feiern und Kongresse stattgefunden haben – hier sollten wir, zwei unbedeutende kleine Juden, heiraten? Meine Mutter zeigte Bilder und mir zog sich der Magen zusammen. Mit Prunk und Protz zu feiern lag mir extrem fern. Mich überkam eine Heidenangst und am liebsten hätte ich mich unter dem Tisch verkrochen, bis alles vorbei war. Lior nickte höchst anerkennend und befand den Ort für absolut angemessen und traumhaft schön.

Das waren aber noch nicht alle Neuigkeiten, die meine Mutter zu bieten hatte: »Kinder, haltet euch fest ... stellt euch vor, unser Hochzeitsplaner kennt Karel Gott!« Mir schossen mittlere bis starke Stromschläge durch den Körper und ich starrte sie entsetzt an. »Und jetzt kommt der Clou: Als Karel Gott davon erfahren hat, dass in Prag die erste große jüdische Hochzeit seit dem Krieg stattfinden wird, war er sofort so angetan, dass er angeboten hat, auf eurer Hochzeit aufzutreten. Er hat nämlich gerade eine CD mit jüdischen Liedern veröffentlicht. – Na, was sagt ihr jetzt?« Meine kleine Mutter war in diesen Sekunden um mindestens 30 Zentimeter gewachsen und strahlte übers ganze Gesicht. Nach einigen Sekunden der Stille schnappte ich nach Luft und legte los: »Mama, bist du des Wahnsinns? Der Typ singt Schlager. Das wäre ultrapeinlich. Das geht auf gar keinen Fall!« Nur vier Sätze, und meine Mama schrumpfte wieder auf Normalgröße, was sie aber nicht daran hinderte, ihre Lippen zu spitzen, die Augenbrauen hochzuziehen und heftig mit den Armen zu fuchteln: »Also Bára, davon verstehst du wirklich überhaupt nichts. Glaube mir, die Leute werden völlig ausflippen. Und wenn nicht für euch, dann müssen wir das für meine Generation machen. Karel Gott will auf eurer Hochzeit singen, umsonst, du spinnst total, Bára, wenn du nein sagst! Lior, was meinst du?« Sie wandte sich beleidigt von mir ab. Ich war abgeschrieben und in tiefste Ungnade gefallen. Und Lior: »Pfffffhhh, keine Ahnung«, schaute zu mir, dann zu ihr, wieder zu mir und zu ihr. »Wenn der Typ zwei, drei Lieder singt, ist doch eigentlich ok, oder?« Meine Mutter nickte höchst zufrieden. Ich merkte, dass ich hier überhaupt keine Stimme hatte, und fügte nur noch an: »Dann sollte er aber bitte auch die ›Biene Maja‹ singen, das würde wenigstens unsere Generation freuen.« Meine Mutter druckste: »Also, das ist seine einzige Bedingung, er wird auf keinen Fall die ›Biene Maja‹ singen.« Lior und ich schauten uns an und gaben auf. Meine Mutter war die Chefin im Ring. Karel Gott sang auf unserer Hochzeit drei wunderschön getragene Lieder und die Freunde unserer Eltern waren zu Tränen gerührt. Doch dann geschah das Unvermeidliche. Etwa 150 Gäste zwischen 25 und 35 Jahren sprangen von ihren Stühlen auf, rannten mit erhobenen Händen auf die Tanzfläche und schrien rhythmisch: »Maja, Maja, Maja, Maja!«

Karel Gott sang die ›Biene Maja‹ dreimal! Dazu tanzten unsere Freunde im traditionell jüdischen Kreis und bejubelten den Star auf der Bühne. Danach verließ Karel etwas irritiert, aber doch höchst zufrieden die Bühne und bedankte sich für diese wunderbare Stimmung.

Es war ein herrliches Fest, obgleich die Vorzeichen allesamt sehr skurril waren: der mehrfach geschiedene Rabbiner, die moralisch nicht einwandfreien Trauzeugen, der unorthodox transportierte Baldachin, die anfängliche Unsicherheit meiner Schwiegermutter, ob ich tatsächlich der richtigen Religion angehörte, der fehlende jüdische Name meines Vaters und ein völlig aus dem Ruder geratenes Probeessen im Vorfeld des Festes.

Ich weiß nicht, wie wir damals auf die grandiose Idee gekommen sind, die gesamte Familie zum Probeessen mitzunehmen, aber genau das haben wir gemacht. Die gesamte Familie bedeutete: mein Bruder, meine Eltern, meine Oma und meine Schwiegermutter in spe. Alle sind wir also nach Prag gefahren, um uns ein ruhiges Wochenende zu machen und der Hochzeitsplanung den letzten Schliff zu geben. Wir sind sehr entspannt und gut gelaunt in dieses traumhaft schöne gelbe Neorenaissance-Gebäude auf der kleinen Moldauinsel im Herzen Prags hinein- und sind als völlig zerrüttete, geschiedene Familie hinausgegangen. Was sich drinnen ereignet hat, bleibt Familiengeheimnis. Nur so viel: blankgewetzte Nerven, gegenseitige Schuldzuschreibungen, Arroganz, Überheblichkeit, Beleidigungen, schlechtes Benehmen und ein völlig ungenießbares Mahl. Ephraim Kishon oder Woody Allen hätten ihre Freude an uns gehabt. Jüdische Mütter kurz vor einem Nervenzusammenbruch, ein jüdischer Vater, der zu allem schweigt, höchstens ein singendes »nu ja« hervorbringt, ein Bruder, der gern provoziert, und Braut und Bräutigam, die vor Schuldgefühlen fast ersticken. Offensichtlich hat das ungenießbare Essen uns nicht davon abgehalten, ein rauschendes jüdisches Fest zu feiern, und wenigstens war (ein) Gott mit uns.

GESCHENKE

Die Hochzeitsnacht war für mich, wie erwartet, eine ziemlich triste Angelegenheit. Auf jüdischen Feiern wird sehr viel Wodka getrunken, und so konnte mein Bräutigam leider nicht mehr die traumhaft sündhafte und edle Wäsche bestaunen, die ich extra gekauft hatte. Stattdessen hatte ich die Mühe, allein jedes einzelne Häkchen des Kleides und der Korsage am Rücken zu öffnen. Ich saß wie ein Baiser-Törtchen um vier Uhr morgens auf dem Hotelbett, in einer Tüllwolke, umgeben von Umschlägen, gefüllt mit Glückwünschen und Geld. Neben mir schnarchte es.

In den Tagen darauf inspizierten wir auch die Sachgeschenke, die nach Prag mitgeschleppt worden waren. Darunter auch eine Büste auf einem Sockel, wie man sie früher auf ein Kaminsims gestellt hätte; sie war aus braunem Stein und unglaublich hässlich.

Die Büste innerhalb Frankfurts weiter zu verschenken schien uns zu riskant, irgendwann hätte sie der ursprüngliche Käufer zurückbekommen können, und so gaben wir sie unserem Hochzeitsplaner in Prag fürs Büro. Er freute sich und wir waren das schwere Ding los. Nur wenige Wochen darauf rief er uns aufgeregt in Frankfurt an: »Ich organisiere gerade eine große Veranstaltung für eine Firma und vorhin waren die beiden Chefs in meinem Büro, haben eure Büste gesehen und waren völlig aus dem Häuschen. Báro, das ist eine limitierte Edition und das Stück kostet um die 2.000 DM.«

Gerne hätte ich gewusst, wie vielen Beschenkten dieses wertvolle Geschenk bereits durch die Lappen gegangen ist. C'est la vie.

GESCHIRR

Das Leben schreibt Geschichten, ohne dass wir es auch nur ahnen oder uns dessen ansatzweise bewusst sind, ununterbrochen. Groteske Zusammenhänge werden nie oder manchmal erst nach vielen Jahren deutlich.

Vor meiner Hochzeit war ich ganz stolz und aufgeregt mit meiner Mutter bei Lorey, einem namhaften und sehr gut sortierten Haushaltswarengeschäft in Frankfurt, um dort einen Hochzeitstisch zusammenzustellen: alles, was ein guter Haushalt braucht und die Gäste guten Gewissens kaufen können, ohne Gefahr zu laufen, unseren Geschmack nicht zu treffen. Mama und ich gingen durch das Haus und suchten Toaster, Küchenmaschine, Töpfe, Pfannen und und und. Was natürlich nicht fehlen durfte, war ein komplettes Geschirrset für 24 Personen. Für besondere Anlässe. Schließlich müssen in einem jüdischen Haushalt viele Gäste zu den Feiertagen versorgt werden, und das an einem würdevoll gedeckten Tisch. Gemeinsames Essen spielt eine große Rolle in jüdischen Familien. Nicht nur, weil viele Feiertage unterschiedliche symbolträchtige Speisevorgaben haben, auch der Krieg hat mit seinen Entbehrungen dem Essen einen neuen Stellenwert verliehen. So pflegte mein Opa immer zu sagen: »Was du im Bauch hast, kann dir keiner mehr nehmen.«

Ich suchte mir ein schlichtes und klassisch elegantes Geschirr von Rosenthal aus: *Maria Weiß*. Weil ich aber den Preis für die Teller vollkommen überteuert fand, erklärte mir die Verkäuferin, sie habe das alles auch in »dritter Wahl«. Ich sah mir diese »dritte Wahl« an, konnte nicht den winzigsten Unterschied erkennen und entschied, dass die Hochzeitsgäste lieber dritte Wahl für weniger Geld kaufen sollten. Das erzählte ich natürlich niemandem. Meine Mama und ich fanden das sehr vernünftig.

Als ich nach meiner Hochzeit nach und nach feststellte, wie viel Wert meine Schwiegermutter auf edle und wertvolle Dinge legte, wurde mir meine Unkenntnis dieser Werte zunehmend unangenehm. Beim ersten Rosh ha Shana (Neujahrsfest), das meine Schwiegermutter nach der Hochzeit für uns ausrichtete, saß ich stocksteif an ihrem luxuriös und bis ins letzte Detail ausgestatteten Tisch. Ich wagte nicht, etwas zu berühren. Gedeckt war ein prachtvolles Fabergé-Service. Des Weiteren besaß sie aber auch noch vollständige Wedgewood-, Hermés- und Cartier-Geschirr-Sets. Die meisten dieser Namen waren neu für mich. Alle Porzellan-Sets standen in Vitrinen und wurden nur selten benutzt. Und wenn, dann musste jedes Teil einzeln von Hand gewaschen werden, damit die Farbe keinen Schaden nahm. Wenn keine Gäste da seien, erklärte sie mir damals, benutze sie nämlich nur ihr einfaches Küchengeschirr: *Maria Weiß* von Rosenthal – wahrscheinlich »erste Wahl« ...

UNKOSCHER

(Vorsicht: ungeeignet für Veganer)

Was die kulinarische Komponente in meiner Familie angeht, so war diese durch und durch geprägt von böhmischer Küche. Sehr fleischlastig, schwer, deftig und absolut nicht koscher. Essen bedeutete entweder Genuss oder Schuldgefühle ob der vielen überflüssigen Kalorien, die unser Hüftgold verschuldeten.

Einerseits hatten Tischmanieren einen hohen Stellenwert in der Erziehung, andererseits wurde jede Etikette unwichtig, wenn meine Mutter einen Knochen vor sich hatte. Knochennagen ist bis heute eine große Leidenschaft meiner Mama. Mit größtem Genuss säubert sie jeden gekochten, geschmorten, gebackenen oder gebratenen Knochen vom letzten Fleischrest. Sobald ein Knochen auf einem unserer Teller liegen blieb, schnappte ihn sich meine Mutter und lutschte und nagte mit Herzenslust, bis etwas übrigblieb, das einem klinisch reinen Studienobjekt für Medizinstudenten glich.

Brühe kochte meine Mama meist aus Huhn und Rind, so wird sie besonders intensiv. Wichtig war auch das Hühnerklein, denn so konnte sie die gekochten Hälse auslutschen. Mein Vater und ich hingegen warteten auf das Knochenmark aus der Rinder-Beinscheibe, die mitkochte. Das Mark verteilten wir auf einer Scheibe Schwarzbrot, bestreuten es mit viel Salz und stritten um jeden Bissen.

Mein Bruder und ich haben die Knochenliebe unserer Mutter übernommen, unser Vater hingegen wahrte immer die Etikette bei Tisch. Und das, obwohl er der vermeintlich unkultivierte Tölpel aus Mährisch-Ostrau, das letzte Hintertupfing für Prager Hauptstädter, gewesen ist, wie unsere Mama gern erzählte.

Bei uns gab es Saure Nierchen, Kuttelsuppe, Knoblauchsuppe, Dillrahmbraten, Ente mit Kraut und Knödeln, Schwein in jeder Form, Svičková (Lende in Gemüserahm), Kalbsbries, Blut- und Leberwurst, Hühner- und Kalbsleber, gekochte Rinderzunge und sogar ab und an Kalbshirn – lauter Speisen, die keinen Tschechen erschrecken oder erstaunen und für uns absolute Hausmanns-Köstlichkeiten waren. Wir wunderten uns, dass diese Gerichte Freunde und Mitschüler erschauern ließen, wenn wir davon berichteten.

Natürlich gab es auch allerlei wunderbare Süßspeisen wie Palatschinken, Buchteln, Povidldatschkerln, Strudel und Obstknödel. Diese zu erwähnen löste genussvolle Laute im Umfeld aus: mhhhh, ohhhh, ahhhh, ujjjjj, hhhhh, mnjam.

Essen gehört zur Kultur einer Familie und solange kein Außenstehender in diesen Kreis eintritt, macht sich eine Familie keine Gedanken darüber. Die langjährige Haushaltshilfe meiner Mutter brachte uns einige Male Spanferkel aus Serbien mit. Eine Delikatesse, auf die wir uns immer sehr freuten. Bis zur Verarbeitung lag dieses kleine Schweinchen im Kühlschrank. Dieser wurde eines Nachts von einem dreizehn Jahre alten jüdischen Freund meines Bruders geöffnet, der bei uns übernachtete und in der Nacht einen Schluck Wasser trinken wollte. Der Blick in das Gesicht eines Ferkels versetzte Ronny, der in einer wesentlich traditionelleren Familie aufgewachsen war und noch nie Schweinefleisch gegessen hatte, einen tierischen Schrecken, von dem er und seine Familie sich noch eine Zeit lang erholen mussten. Wir schämten uns alle einige Tage über unseren Mangel an religiöser Regeltreue, vergaßen das aber recht schnell zugunsten von gewohntem Genuss.

Als wir Jahre später begannen, jüdische Feiertage zu begehen, ging es uns nie wirklich um Religion, sondern um das familiäre Miteinander und den Spaß, dass wir unsere Religion auf höchst individuelle Weise zelebrierten. Mit einer befreundeten, ähnlich assimilierten Familie aßen wir zu Rosh ha Shana und Jom Kippur alles, wonach uns gelüstete.

Kurz nachdem ich meinen späteren Mann Lior kennengelernt hatte, luden ihn meine Eltern zum sonntäglichen Brunch ein. Dieses Frühstück ist immer die Lieblingsmahlzeit der Woche gewesen, denn neben Wurst- und Käseplatten, frischen Brötchen vom weltbesten Bäcker »Hessenthaler« in Alt-Eschersheim, geschnittenem Obst und Gemüse und dem berüchtigten Rührei meines Vaters gab es auch allerlei gekochte Reste der Woche. So wie anderen der Freitagabend (Schabbat) war unserer Familie der Sonntagmorgen wichtig und kulinarisch erhebend – besonders als wir Kinder aus dem Haus waren.

Lior, der meine Eltern noch nicht kannte, kam schon mit hochrotem Kopf in unseren geschlossenen Bišický-Kreis. Meine Mutter hatte ein bisschen feiner gedeckt als sonst und sich besondere Mühe gegeben. Doch es gibt Dinge, derer man sich in Routine und Gewohnheit nicht bewusst wird. So saß Lior am Tisch direkt vor einer ganzen, ungeschnitten gekochten Rinderzunge.

Dieses große, rote, halbrunde Stück Tier, das unverkennbar die Zunge einer Kuh war, ist für einen, mit solcher Tischkultur nicht vertrauten Menschen eine Herausforderung aller Sinne. Lior lief vor Aufregung der Schweiß von der Stirn und vor Unbehagen beim Anblick dieses riesigen Muskels brachte er keinen Bissen hinunter. Da Lior kein hagerer Mann ist, sondern einer, dem man durchaus ansieht, dass er gern isst, fanden mein Vater und mein Bruder schnell Gefallen daran, sich über ihn lustig zu machen. Er esse wohl nicht so viel, sei ein wenig schüchtern, sei womöglich auf Diät und so weiter. Wir lachten alle und bemerkten nicht, dass es nicht nur die Nervosität wegen der Anwesenheit der möglichen, künftigen Schwiegereltern, sondern vor allem die Zunge war, die Liors Zunge zügelte.

Nur wenige Monate später luden uns enge Freunde meiner Eltern zu einem traditionellen tschechischen Schlachtfest in ein Dorf nahe Plzeň ein. Dort herrschte eine herrliche Atmosphäre: Es wurde gesungen und gelacht, Bier und Slivovic getrunken und eifrig gekocht. Der Rest eines riesigen Schweins drehte am Spieß über dem Feuer. Einige machten sich bereits in der Küche ans Einmachen, durch den Wolf-Drehen und Gulasch-Kochen. Im Garten waren Biertische aufgestellt, an denen sich Dorfbewohner drängten und lauthals Folklore- und Countrylieder schmetterten. Tschechen lieben nämlich Countrymusik und sind sogar bei Liedern von Johnny Cash davon überzeugt, dass es sich um gecovertes tschechisches Liedgut handeln müsse. Auch meine Mutter liebt Country. Sie kann alle bekannten Lieder mitsingen, allerdings mit den tschechischen Texten.

Bei diesem Schlachtfest jedenfalls entzog sich Lior ein zweites Mal tschechischer Kulinarik völlig und machte einen Abend lang die Slivovic-Diät. Die verschonte ihn vor der Blutsuppe, die in einem riesigen Topf vor sich hin köchelte und von zwei singenden, dickbäuchigen Tschechen gerührt wurde. Um ehrlich zu sein, verschlug es sogar mir hartgesottener Alles-Esserin bei diesem Anblick den Appetit. Es war ein herrlicher Abend und für Lior sogar gänzlich koscher.

DER KNOCHEN

1980, kurz nach dem Umzug in unser Haus Am Lindenbaum, freundeten sich meine Eltern mit Nachbarn an, zufällig eine jüdische Familie. Mama Bišický und Mama Lilienthal kochten und buken schnell um die Wette. Mein Bruder fand die Küche der Nachbarin exzellent und besuchte sie häufig nach der Schule, wobei ihn die Anwesenheit der beiden hübschen Töchter wahrscheinlich nicht störte. Er bekam leckeres Mittagessen, Mama Lilienthal war stolz und Mama Bišický schmollte. Gern luden sich die Familien auch gegenseitig zum sommerlichen Grillen ein. Bei einem Grillabend im Garten der Nachbarn saßen meine Eltern etwas steif am Tisch neben den anderen Gästen, die ihnen sehr vornehm vorkamen. Deren gesellschaftliche Stufe hatten sie noch nicht erklommen. Schließlich waren sie tschechische Emigranten ohne Studienabschluss und so fühlten sie sich unsicher mit all den Akademikern in Anzügen und ihren eleganten Frauen mit hochtoupierten Haaren. Es wurde groß aufgetischt und Mama Lilienthal glänzte mit einfallsreichen Salaten und besonderen Beilagen. Papa Lilienthal grillte Fleisch aus der Kleinmarkthalle, die in Frankfurt eine der besten Adressen für Lebensmittel ist. Meine Eltern benahmen sich sehr gebührlich und mein Vater brachte auch mit dem ein oder anderen Spruch die Gäste zum Lachen. Die gelöste Stimmung meiner Eltern verflüchtigte sich jedoch schlagartig, als meine Mutter einen Kalbskotelett-Knochen auf dem

Teller des Herrn gegenüber erblickte. Ein Knochen mit derart vielen Fleischresten verstörte meine Mutter so sehr, dass sie jegliche Etikette und sich selbst vergaß, sich erhob und über den Tisch hinweg wie ferngesteuert den Knochen vom fremden Teller griff. »Enschuldigung, bittä.« (Meine Eltern hatten beide einen sehr charmanten tschechischen Akzent). Als mein Vater das hörte, klingelten bei ihm alle Alarmglocken, er drehte sich zu seiner Frau und trat unter dem Tisch gegen ihr Schienbein. Zuzka erwachte aus ihrem Knochendelirium und entschuldigte sich aufs höflichste. Nachdem die Nage-Leidenschaft meiner Mutter erklärt war, lachten alle Gäste über diese sympathische Selbstvergessenheit und stimmten zu, dass es Vergeudung von Nahrungsmitteln sei, so viel Fleisch am Knochen zu lassen. Der Herr gegenüber bot meiner Mama selbstlos den Knochen an. Und so kam sie doch noch in den Genuss desselben.

HERR DOKTOR

Einige Monate nach dem Knochenvorfall im Hause Lilienthal waren meine Eltern und unsere Nachbarn auf einer eleganten Veranstaltung eingeladen. Bei Tisch stellten sich alle Herren einander vor: »Guten Abend, Roman Lilienthal, Gynäkologe.« »Sehr erfreut, Michael Glückstein, Proktologe.« »Carl Murmelberg, Gastroenterologe.« »Guten Abend, Felix Diamant, Kardiologe.« »Sehr angenehm, Stefan Andrei, Psychologe.« Mein Vater schmunzelte, seine Nasenlöcher weiteten sich, seine Augen leuchteten und er sagte: »Servus, Honza Bišický, Schmatologe!«

(Schmates ist ein Wort aus dem Jiddischen, eine abfällige Bezeichnung für Stoffe, Kleidung.)

DER BESTE FREUND
MEINER ELTERN

Genau wie wir hatten viele tschechoslowakische Juden keine Verbindung zu ihrer Religion. Meine Mutter kannte Mikeš schon seit ihrer Kindheit in der Tschechoslowakei. Als mein Bruder und ich klein waren, war er oft bei uns zu Hause. Er war unser Ersatzonkel und bester Freund meiner Eltern. Mein Vater, er und noch ein paar andere tschechische Freunde konnten die allerbesten Geschichten erzählen. Wenn sie bei uns waren, bebte das Haus vor Lachen. Es wurde gegessen, gelacht, erzählt und getrunken. Von Mal zu Mal wurden die Geschichten farbenfroher und einfallsreicher. Ich liebte es zuzuhören.

So hörte ich auch die Geschichte von Onkel Mikeš, der sich nach seiner Emigration nach Amerika in ein jüdisches Mädchen aus religiösem Elternhaus verliebt hatte. Nach einer Kennenlernphase wurde der tschechische Einwanderer und Verehrer von Esther zum Feiertagsessen der Familie eingeladen. Der Tisch war prächtig gedeckt, jeder Mann hatte eine Kippa auf dem Kopf und, wie es sich für Pessach gehört, eine Hagadah, das Büchlein mit der Gebets- und Gesangzeremonie des Abends, in der Hand. Mikeš beobachtete haargenau und machte alles nach, was die anderen machten. Immerhin hatte er seiner Angebeteten vermittelt, auch er sei ein traditioneller Mensch und sehr gläubig, was natürlich völliger Quatsch war. Alles lief hervorragend.

Esther, tief beeindruckt und schwer verliebt, warf ihm schmachtende und hoffnungsvolle Blicke zu. Die Eltern strahlten übers ganze Gesicht, ganz verzückt von dem Glück, einen religiösen, anständigen Schwiegersohn gefunden zu haben, der auch noch unerschrocken dem verhassten kommunistischen Ostblock den Rücken gekehrt hatte.

Der Großvater führte die Gebete an und erwies schließlich Mikeš die große Ehre, einen Teil der Zeremonie selber beten zu dürfen. Mikeš starrte den Opa völlig konsterniert an. Schweißperlen sammelten sich an den Schläfen des jungen Gastes. Beten? Laut? Auf Hebräisch? »Aber nein! Zu viel der Ehre. Das geht wirklich zu weit. Ich danke Ihnen sehr. Vielleicht das nächste Mal.« Doch der Opa blieb bei seinem festen Entschluss, Mikeš müsse die Ehre des Vorbetens zuteilwerden. Mikeš' Atem stockte für einige Sekunden. Dann setzte er an, schaute tief in sein Gebetbuch und legte los: »Hovno, Prdel, Sračka ...« (Scheiße, Arsch, Dünnpfiff ...) Er flüsterte tschechische Flüche in die Hagadah und schwitzte wie verrückt. Immer weiter und weiter, bis plötzlich eine laute Männerstimme schrie: »Schluss!« Der Opa hatte polnische Wurzeln, verstand jedes Wort dieses unorthodoxen, ungewöhnlichen und unanständigen Gebets und warf den Verehrer seiner Enkelin hochkant aus dem Haus.

Mikeš hat Esther nicht wiedergesehen und nie wieder über eine Beziehung zu einer religiösen Jüdin nachgedacht.

DER KLAPPS

Mikeš kam zurück nach Deutschland und eröffnete ein Schuhgeschäft gegenüber den Textil-Läden meines Opas.

Eines Tages kam er wieder zu Besuch. Diesmal in Begleitung einer neuen Freundin, einer Chinesin! Unsere Welt war damals noch viel kleiner als heute und Asiaten oder Schwarze waren kein alltäglicher Anblick. Selbst später in der Schule waren Menschen, die offensichtlich aus fernen Ländern stammten, eher selten in Deutschland. Da saß also diese bildschöne Chinesin auf unserem Sofa im Wohnzimmer. Ich konnte nicht anders, als sie immerzu anzustarren. Denn das Faszinierendste an ihr war: Sie konnte Tschechisch. Eine Tschechisch sprechende Chinesin, mit dem Apfelstrudel meiner Mama auf dem Teller auf unserer Couch – es konnte nichts Faszinierenderes für mich Vierjährige geben.

Alle unterhielten sich lebhaft, Honza und Mikeš lachten über eigene Geschichten, die Chinesin wahrte exzellente Contenance und lächelte, während sie angeregt mit meiner Mutter über chinesische und tschechische Backwaren philosophierte. Währenddessen litt ich unbeachtet Höllenqualen. Meine Faszination und unbändige Neugier erlaubten es mir nicht, meinen menschlichen Bedürfnissen nachzugehen. Ich presste alles zusammen und versuchte, mich auf den besonderen Akzent dieser exotischen Dame zu konzentrieren, alles schmerzte. Gleich kommt's ...Verdammt, alles war viel zu spannend und nichts durfte ich verpassen, aber die Hose sollte auch nicht nass werden. Schließlich zog ich gedankenverloren meine Cordhose runter, setzte mich in die Hocke und pieselte mitten auf den Wohnzimmerteppich. Währenddessen starrte ich die elegante Chinesin unumwunden an. Alle Augen richteten sich plötzlich auf mich, Honza sprang auf, packte mich am Arm, zog mich vor die Tür, gab mir meinen ersten und einzigen Klapps auf den Hintern und schickte mich ins Kinderzimmer. Die Scham und der brennende Popo waren aber nicht ansatzweise so schlimm wie meine unbefriedigte Neugier. Wie gern hätte ich die exotische Schönheit noch länger bewundert.

KRÄMER

Sowohl meine Großeltern, als auch meine Eltern führten in Frankfurt-Bockenheim und später auch in Bornheim Boutiquen. Nicht etwa noble Geschäfte mit feinen Kleidern auf Holzbügeln, die in Reih und Glied, nach Farben sortiert nebeneinanderhingen. Nein! Es waren eher Ramschläden mit Wundertüteneffekt, Wühltische mit Markenkleidung, sich biegende Kleiderständer, die vollgestopft mit bester Ware der vergangenen Saison waren und an der Kasse Verkäuferinnen mit Dauerwelle, die im Geschäft zusammen mit meiner Oma Kette rauchten. Die Läden boten alles, was mein Opa oder mein Vater auf ihren Beutezügen durch Deutschlands Modetempel an Restposten ergattern konnten. Das Geschäftsmodell war für die Zeit absolut revolutionär. Man kann sagen, wir hatten den ersten Outletstore Deutschlands. Mein Opa Mirek und sein Schwiegersohn Honza waren leidenschaftliche Kaufleute mit charmantem tschechischen Akzent und einer ordentlichen Portion Humor. Als respektable Geschäftsleute wurden sie nicht nur von den Händlern, sondern vor allem von den Kunden geschätzt. In den drei nebeneinandergelegenen Läden wühlten die Kundinnen nach Schnäppchen, hielten einen netten Plausch, wurden immer fündig und verließen strahlend »das Lädchen«, wie der »Textilbasar Zeimer« liebevoll von vielen genannt wurde: einkaufen mit Schnitzeljagdeffekt.

Die Naivität und die Unkenntnis über die Bedeutung von Markennamen in meiner Familie, der Emigranten aus dem Ostblock, erwiesen sich anfangs als ein großes Glück. Honza und Mirek kauften beispielsweise einen enormen Restposten von *Lacoste* auf und fanden diese kleinen Krokodile auf den Shirts so lächerlich, dass sie jedes Teil für fünf DM raushauten. Es war ihnen ein Rätsel, warum sich die Kunden derart darum rissen. T-Shirt-Berge wurden auf den Armen zur Kasse jongliert, und Honza schüttelte nur verwundert den Kopf: »Wegen eines verkackten Krokodils ...« Genauso war es auch mit einem Posten der Firma *Burberry*, deren Markenzeichen ein zusätzliches, aber sinnfreies Knopfloch ist. Honza hielt es für einen Fabrikfehler und verramschte die Ware auf gleiche Weise wie die *Lacoste*-Shirts. So lernten die Kunden, dass sie es hier mit einer wahren Goldgrube zu tun hatten, kamen wieder und brachten ihre Freunde mit. Mit der Zeit wussten die Kunden auch, dass Hansi, wie Honza von Kunden und Händlern oftmals genannt wurde, jeden Dienstag und Donnerstag durch Deutschland fuhr, um neue Ware einzukaufen. Also standen die Damen mittwochs und freitags schon früh morgens vor dem Geschäft Schlange.

Über die Jahre sammelten meine Eltern und Großeltern viel Erfahrung mit Kunden, faulen und fleißigen Angestellten, grimmigen und herzlichen Großhändlern, Raststätten-Betreibern und auch mit Dieben. Wie überall wurde natürlich auch in unseren Geschäften geklaut. Einmal stopfte sich ein Mann so viel Kleidung, wie er nur konnte, unter sein Hemd und rannte los. Die Verkäuferin schrie: »Ein Dieb! Haltet ihn!« Mein Opa Mirek blickte auf, zögerte nicht lange und stürzte dem Dieb hinterher. Er rannte und rannte, ungeachtet seines starken Asthmas und seines schwachen Herzens, das bereits zwei Infarkte hinter sich hatte. Wild entschlossen, die Ware zurückzuholen und den Täter zu stellen, keuchte er um sein Leben. Er bog in den Hauseingang ein, in den der Dieb geflohen war, hörte Schritte auf der Treppe und lief hinterher. An der Tür, die nur Sekunden zuvor zugeknallt worden war, klingelte Mirek atemlos Sturm. Die Tür ging auf und vor ihm baute sich der Dieb auf. Mireks Augen richteten sich in direkter Linie auf die unglaublich voluminöse, muskulöse Brust des Täters. Langsam wanderten sie etwa anderthalb Kopf höher und blickten in die grimmigen Augen des aufgepumpten Riesen. »Was willst du?«, donnerte der Dieb. Mireks Augen weiteten sich in wachsender Panik, er tippelte rückwärts und machte kleine Verbeugungen. »Ähh, nix. Enschuldigung, bittä. Ich hab wohl mich in der Tir geirrt.« »Das glaube ich auch«, sprach's und knallte die Tür wieder zu. Mit Schweißperlen auf der Stirn und gebeugtem Rücken trottete er zurück ins Geschäft. Immerhin hatte er es versucht.

Einer anderen Diebin rannte einmal meine Oma Eva hinterher, erwischte sie sogar noch am Schopf, blieb dann aber irritiert mit einer Perücke in der Hand auf der Straße stehen. Auch diese T-Shirts waren für immer weg.

Eines Tages stürmten bewaffnete Kriminalpolizisten in die drei Läden. Meiner Oma Eva blieb bei dem Gebrüll der Beamten fast das Herz stehen. »Hände hoch! Keine Bewegung! Sofort alles stehen und liegen lassen!« Eva zitterte am ganzen Körper. Das letzte Mal, dass ein Deutscher eine Waffe auf sie gerichtet oder sie angebrüllt hatte, war nur etwa 25 Jahre zuvor in Bergen-Belsen gewesen. Die Geschäfte wurden durchwühlt, alle Etiketten aus der Ware geschnitten und Musterteile mitgenommen. Anschließend durchsuchte man die Wohnung meiner Großeltern und die meiner Eltern. Es stellte sich heraus, dass eine anonyme, handgeschriebene Anzeige Auslöser dieses polizeilichen Eingriffs gewesen war. Der Vorwurf »Juden verkaufen geklaute Ware« wurde nicht bestätigt und die Anzeige fallengelassen, aber der Schock saß tief.

Honza verbrachte sehr viel Zeit auf Deutschlands Autobahnen und kannte nach einigen Jahren nicht nur jeden Textilgroßhandel, sondern auch die meisten Raststätten. Überall aß er Rindswürste oder Frikadellen-Brötchen. Er war davon überzeugt, reihte man all die Würste, die er in den Jahren gegessen hatte, aneinander, so würde die Kette mindestens von Hamburg bis nach München reichen. Sollte das Geschäft mit den Klamotten irgendwann nicht mehr laufen, so könne er problemlos Wursttester werden.

Auf den Raststätten unterhielt Honza sich gern mit LKW-Fahrern. Einer fragte Honza ganz verzweifelt, ob er nicht irgendein Geschenk für seine Frau zum Geburtstag habe. Den habe er nämlich völlig vergessen. Aus den Tüten mit der Ware, die mein Vater in seinem Kombi hatte, fischten die beiden eine Bluse und einen Rock heraus. Der LKW-Fahrer war überglücklich, hatte aber kein Geld mehr, um die Ware zu bezahlen. Stattdessen schenkte er Honza drei große Kisten mit Dentagard-Probier-Tuben, die wiederum er in seinem Lastwagen geladen hatte. So waren wir und meine Großeltern eine ganze Zeit lang mit Zahnpasta versorgt.

Als eines Tages drei Lubawitscher Juden das Geschäft meiner Eltern betraten und um eine Spende baten, waren Honza und Zuzka sehr erstaunt. »Schließlich müssen wir uns gegenseitig helfen. So von Jude zu Jude«, sagte der eine. Honza wunderte sich und wollte wissen, woher die Herren wussten, dass er und Zuzka jüdisch waren. »Na ja, wir sind aus der U-Bahn gestiegen und direkt ins nächste Geschäft gegangen – der Metzger dort an der Ecke. Wir haben gefragt, ob es hier jüdische Geschäfte gibt und er hat uns direkt zu Ihnen geschickt«, erklärten die beiden in einer eigentümlichen Mischung aus Jiddisch, Deutsch und Hebräisch. Die Herren bekamen eine Spende und gingen. Zurück blieb allerdings ein seltsames Gefühl. Offenbar war auf der ganzen Straße bekannt, wo die Juden der Gegend zu finden waren.

DIE NEUE WELT

Nachdem ich erst sehr kurze Zeit in die Welt der jüdischen Gemeindekinder eingetaucht war und mit einigen auch Freundschaft geschlossen hatte, wurde meine gesamte Familie 1986 zu einer großen Bat Mitzwah-Feier eingeladen. Es war die erste große jüdische Festlichkeit für uns und ich war furchtbar aufgeregt. Was trägt ein zwölfjähriges Kind wie ich bei einem solchen Anlass? Wie benimmt man sich? Was schenkt man? Was, wenn mich keiner beachtet und ich ganz allein in der Ecke sitzen muss? Wie tanzt man, ohne sich zu blamieren? Wochenlang überlegte ich mit meiner Mama, wo wir uns etwas Passendes zum Anziehen kaufen könnten. So richtig war uns nicht bewusst, was uns auf einer solchen Festivität erwarten würde. Meine damals beste Freundin Aurelia, die aus einer katholischen und sehr konservativ-bürgerlichen Familie stammte, war ganz vernarrt in blümchenverschnörkelte, romantische Stoffe von »Laura Ashley«. Das musste es sein! Bestimmt würde ich hier das Passende für Lisas Bat Mitzwah finden. Meine Mama, fest entschlossen, mir jeden Wunsch zu erfüllen – koste es, was es wolle –, ging also mit mir ins Laura Ashley-Geschäft auf der Goethestraße, Frankfurts nobelster Einkaufsstraße. Ich suchte mir ein hellblaues Kleid mit weißen Blümchen und großem weißen Spitzenkragen aus, ganz nach dem Geschmack meiner Mutter. Wir trugen es wie einen Schatz nach Hause. Ich war selig und meine

Mama unendlich stolz. Der Abend der Bat Mitzwah nahte und ich begann mich zu freuen. Endlich konnte ich dieses feine Kleid anziehen und mich wie eine Prinzessin fühlen. Aurelia hatte ich es bereits vorgeführt und sie liebte es. Nichts konnte also schiefgehen. Mein Vater, der im Anzug immer ein wenig verkleidet wirkte, mein Bruder im V-Kragen-Pullover und Krawatte, Mama im schicken Kostüm und ich in romantischem Himmelblau fuhren zum Hotel Interconti, parkten das Auto und betraten eine neue Welt. Bildschirme mit Diashows, riesengroße Luftballons, überwältigende Blumengestecke, Flying Buffet vom Feinsten, herumlaufende Clowns, Animateure, Fotografen und Kameramänner kreuzten unseren immer länger werdenden Weg ins Getümmel. Erste Kinder begegneten mir. Glitzer, Seide, leuchtende Stoffe mit Stickereien oder großen Taftschleifen, vom Friseur geflochtene Zöpfe, hochgesteckte Traumfrisuren und glänzende Lackschühchen blitzten an mir vorbei. Ich sah an mir herab. Das teure Kleid sah plötzlich aus wie ein verwaschener Lappen. Im Vergleich fühlte ich mich wie ein Amish-Mädchen, ich hasste Laura Ashley. Mir wurde speiübel und aus meiner anfänglichen Furcht wurde Panik. Meine kurzgeschnittenen Haare hingen mir gerade so über die Ohren und wir vier Bišickýs hatten alle den gleichen Seitenscheitel rechts. Unsicher schauten wir uns um. Der Fotograf eilte heran und verewigte unsere Unsicherheit.

Stocksteif saß ich den Rest des Abends an einem Tisch mit einem Mädchen, das sich offensichtlich ähnlich unwohl fühlte. Wir zupften an uns herum und gingen mehrfach zu einem überwältigend köstlichen Buffet, um mit Gabel oder Löffel in der Hand beschäftigt zu bleiben. Als Lisa uns beide dann in ihrer Kerzenrede aufrief, waren wir ziemlich erstaunt und hetzten verunsichert über die Tanzfläche, um unsere Kerze zu entzünden. Mit diesem Kerzenlicht eröffnete sich eine neue, mir bis dahin unbekannte Welt – die der Jüdischen Gemeinde Frankfurt.

Im hellblauen Kragenkleidchen im Amish-Look von Laura Ashley hatte ich die Feuertaufe überstanden. Ich trug das Kleid nie wieder.

BAT MITZWAH
AUF TSCHECHISCH

Einige Monate später flehte ich meine Mutter an, eine eigene Bat Mitzwah feiern zu dürfen. Eine kleinere, eine, die zu uns passte. Meine Mutter willigte ein und bat die drei Teenager-Aushilfen aus dem Geschäft meines Vaters, eine Schnitzeljagd durch Frankfurt zu organisieren. Meine Mutter übernahm die Organisation der Party zu Hause: Essen, Deko, Einladungen – alles in Handarbeit. Unsere komplette Küche wurde zu einem Buffet umfunktioniert, ganz im Sinne der 90er, Motto: Black and White. Es war die Zeit, in der Nena und David Bowie gestreifte Leggins trugen und Sabrina der Bikini im Video zu ihrem Song »*Boys Boys Boys*« im Pool immer wieder herunterrutschte. Mein Outfit bestand aus einer schwarzen Moonwash Jeans, die zwar fest in der Taille saß, aber sicherheits- und vor allem coolnesshalber mit Hosenträgern befestigt war, an den Knöcheln selbstverständlich hochgekrempelt. Eine weiße Bluse mit riesigem Spitzenkragen, ein extrem hoher Pferdeschwanz mit dickem schwarzen Krepphaargummi und – das war der Clou – riesige neonrote Creolen in den Ohrlöchern.

Das Buffet bot alles vom Käse-Igel über Eier- und Kartoffelsalat, Frikadellen und Schnitzelchen, bis hin zu Partywürstchen und diversen großartigen böhmischen Nachspeisen. Es fehlte an nichts. Mein »Black and White«-Motto fand ich unglaublich einfallsreich und überhaupt jede Idee, die meine Mama oder die drei großen Mädchen Karina, Maria und Martina hatten, absolut phänomenal. Erstaunlicherweise hielten sich tatsächlich alle Gäste an die Styling-Vorgabe.

Sowohl meine jüdischen als auch meine nichtjüdischen Freunde aus der Schule wurden eingeladen. Zwar feierte ich zu Hause und nicht in einem koscheren Hotel oder einem anderen Saal, aber schon unser Haus, das üppige Buffet meiner Mama mit all den Köstlichkeiten und dieses Riesen-Trara um einen 12. Geburtstag beschämten mich vor den nichtjüdischen Kindern, die keine Ahnung hatten, was eine Bat Mitzwah ist, oder wie groß üblicherweise traditionelle jüdische Familienfeste gefeiert werden. Würden mich meine Freunde nun anders beurteilen? Wie immer machte ich mir viel zu viele Gedanken. Alle hatten großen Spaß. Die Rallye nahmen die Kinder sehr ernst und versuchten, schnellstmöglich die gestellten Aufgaben zu lösen. Zu Hause kamen dann das große Fressen und diverse klassische Tanz- und Partyspiele, bei denen man in der Pubertät nicht so genau weiß, ob sie total cool oder aber unfassbar peinlich sind.

Alle genossen das Essen meiner Mutter, die angesagten Spiele der Teenie Girls und keiner ahnte, dass diese Party noch großen Ärger nach sich ziehen und auch ein Opfer fordern würde. Ich erfuhr es erst Monate später. Die Mutter von Martina, einer der drei jungen Mädchen, die die Rallye organisiert hatten, war eine slowakische Freundin meiner Mutter und arbeitete damals im Kindergarten der jüdischen Gemeinde. Völlig naiv und nichtsahnend bot sie meiner Mutter an, für meine Party von knapp vierzig Kindern das Plastik-Geschirr des Kindergartens auszuleihen. Eine prima Idee, befand meine Mama. Die beiden assimilierten tschechoslowakischen Jüdinnen ahnten nicht, dass das fatale Folgen haben könnte. Nur wenige Tage nach meiner sogenannten Bat Mitzwah rief jemand aus der jüdischen Gemeinde meine Eltern an und fragte, ob wir das Geschirr des Kindergartens ausgeliehen hätten. Zuzka antwortete völlig ungeniert: »Ja, großartig, es ist alles gespült wieder in der Einrichtung. Danke noch mal.« Martinas Mutter wurde entlassen und das Geschirr ausgetauscht. Die Koscher-Regeln waren uns damals leider nicht geläufig. Dass ein Geschirrset treif (unkoscher) wird, wenn unkoscheres Essen darauf kommt, war uns völlig unbekannt.

Lange Zeit nagte das am Gewissen meiner Eltern und sie versuchten, Martinas alleinerziehender Mutter zu helfen, wo es nur ging. An meine großartige Party mit böhmischen Nachspeisen und Partywürstchen erinnerten sich meine unreligiösen Eltern später nur mit Scham.

»HEIL HITLER!«

Als ich vierzehn Jahre alt war, befand meine Mutter es für den richtigen Zeitpunkt, mich in ein Camp nach England zu schicken. Mit einer Freundin sollte ich zwei Wochen der Sommerferien in ein jüdisches Ferienlager in der Nähe von London reisen. Meine Freundin Judith und ich waren aufgeregt: nur wir beide auf Reisen. Leider war die ganze Aufregung umsonst, denn wenige Tage nach der Reservierung kündigten sich zehn weitere Kinder aus Frankfurt zur Mitreise an. Meine Mutter war entsetzt. Geld auszugeben für ein Camp, in dem ich Englisch lernen sollte und nur Deutsch sprechen würde, fand sie völlig absurd. Sie ärgerte sich über die Frankfurter Juden, die in ihren Augen alles immer nur im Rudel machten. Judiths Mutter hingegen freute sich und verstand den Ärger meiner Mutter nicht.

Im Juli 1988 stiegen also zwölf Kinder aus Frankfurt in einen Flieger nach London, um das jüdische Rainbow-Camp zu besuchen. Der Flug war lustig. Erstaunlich für mich war die Lautstärke und Hemmungslosigkeit der jüdischen Kinder. Sie hatten kein Problem damit, im Flugzeug laut miteinander zu reden, Witze und Quatsch zu machen. Ich kannte das aus meiner Kindheit fern der jüdischen Gemeinde nicht. Mir war beigebracht worden, lieber ruhig und zurückhaltend zu sein. Das ist möglicherweise dem Ostblock geschuldet, in dem meine Eltern noch groß geworden waren. Nur nicht auffallen. Diese Kinder aber waren selbstbewusst und laut.

Wir kamen im Camp an, wurden abgeholt und auf die Zimmer verteilt. Danach trafen sich alle Kinder zu einem großen Begrüßungsevent. Alle Nationalitäten im Rainbow-Camp wurden aufgezählt, Regeln und Abläufe erklärt und natürlich wurde beteuert, wie sehr man sich auf diesen absolut phänomenalen Sommer freute. Danach gingen die 150 Kinder auf den Hof. Die meisten standen mit denen zusammen, mit denen sie sich leicht verständigen konnten. So gab es die englische, französische, italienische, spanische, holländische und deutsche Gruppe.

Plötzlich hoben einige englische Kinder ihren rechten Arm in unsere Richtung und schrien: »Heil Hitler!« Sie lachten und hüpften vergnügt vor uns her und wiederholten immer wieder »Heil Hitler« und »You Nazis«. Ich war völlig versteinert und begriff überhaupt nicht, was die von uns wollten. Zwei unserer Jungs wurden wütend und gingen auf die Engländer los, um die Dinge auf mannhafte Art zu klären. Doch da kamen schon Betreuer angelaufen und schlichteten. Jüdische Kinder, mitten im Europa der zivilisierten Gegenwart, die uns mit Naziparolen beschimpften.

Mir war ein Rätsel, wieso ausgerechnet diese andere jüdische Kinder mit dem Hitlergruß aufzogen. Bis ich begriff: Egal wo ich bin, es wird immer jemanden geben, der etwas an mir auszusetzen hat, ohne dass ich etwas dafür kann. Die Juden außerhalb Deutschlands konnten nicht begreifen, dass wir im Land der Täter lebten. Ihren Unmut und ihr Unverständnis äußerten sie in Nazi-Beschimpfungen gegen uns. In Deutschland selbst werde ich nach wie vor mit tiefsitzendem alten und seit einiger Zeit mit neuem muslimischen Antisemitismus konfrontiert. Fremd im eigenen Land und fremd im Ausland.

Im Jahr darauf war ich allein in einem Camp in Kanada, dort war es anders. Keinen schien es wirklich zu interessieren, dass ich als Jüdin in Deutschland wohnte. Dort bin ich von amerikanischen Jugendlichen gefragt worden: »Germany? Do you have electricity?«, »Oh, wow, Germany ... isn't that the country where they shoot each other?« Mich erleichterte die Vorstellung, dass wir Europäer im Schnitt wesentlich gebildeter seien und solche Fragen einem nur in Amerika gestellt werden können. Aber leider erwies sich auch das als Illusion. Denn die erstaunlichen Fragen der amerikanischen Jugendlichen wurden von einer deutschen Medizinstudentin getoppt, als ich, kurz vor meinem Studienbeginn in Prag auf einer Party in Frankfurt von ihr gefragt wurde: »Wie cool! Prag! Kannst du denn überhaupt Polnisch?« Und ein anderer studierter Partygast die Frage hinzufügte: »Krass, Studium in Prag! Beherrschst du die kyrillischen Schriftzeichen?« Vor Beschränktheit und Intoleranz schützen weder Staats- oder Religionszugehörigkeit noch ein akademischer Bildungsgrad.

MY NAME IS
PETR ČERNÝ

Meinen Eltern lag immer daran, dass wir Sprachen lernten, insbesondere Englisch. Es gibt im Tschechischen eine Redewendung, die übersetzt lautet: So viele Sprachen, wie du sprichst, so oft bist du Mensch (»Kolik řečí znáš, tolikrát jsi člověkem«). Und als Flüchtlinge aus einem kommunistischen Land, in dem meine Eltern vor allem Russisch eingebläut bekommen hatten und westliche Sprachen verpönt waren, legten sie Wert darauf, dass wir die Fähigkeit erwarben, uns in der Welt verständigen zu können. Man wusste ja nie, ob man nicht eines Tages doch wieder gehen müsste. So galt bei uns (genau wie mit dem gefüllten Magen) die Devise: Was du im Kopf hast, kann dir keiner mehr nehmen.

Allerdings war mein Vater der sprachlich wohl untalentierteste Mensch aller Zeiten. Die Sehnsucht und der Wunsch, doch noch einmal nach Kanada zu emigrieren, veranlassten meine Mutter aber dazu, für Honza einen Privatlehrer in Englisch zu engagieren. John kam einmal die Woche abends zu uns nach Hause, bekam Gekochtes und Gebackenes von meiner Mutter und graue Haare von meinem Vater. Die beiden lachten und erzählten und hatten eine ausgesprochen nette Zeit miteinander, aber gelernt hat mein Vater nichts. Nach über einem Jahr wöchentlicher Unterrichtsstunden suchte John das Gespräch mit meinen

Eltern und erklärte ihnen, der Aufgabe, Honza die englische Sprache beizubringen, sei er nicht gewachsen. Er müsse aufgeben. Meine Mutter war einigermaßen verwundert, woraufhin John berichtete, er habe in der vergangenen Stunde Honza einmal getestet und nur Französisch mit ihm gesprochen. Honza habe den Unterschied nicht einmal bemerkt. Und so endete an diesem Abend Honzas Sprachausbildung. Sein Lieblingssatz blieb: »Hello, my name is Petr Černý.« Alles Weitere nickte er nur mit wiederholten »Yes, yes« ab.

Ich werde leider nie mehr erfahren, ob er tatsächlich so unsagbar unbegabt für Sprachen war oder sich einfach nur einen Scherz mit uns allen erlaubte.

Denn er hatte offenbar durchaus Geheimnisse und hielt mit seinen Fähigkeiten hinter dem Berg, wenn es ihm taktisch klug erschien. So beteuerte er vierzig Jahre lang, er könne nicht schwimmen und gehe deshalb auch, wenn überhaupt, nur bis zum Bauchnabel ins Wasser. Er hasste Strandurlaube. Als wir uns nach seinem Tod aber mit meiner Oma Helenka unterhielten, kam heraus, dass Honza als Kind sogar Wettkämpfe in einer Jugendmannschaft geschwommen war. Um Diskussionen aus dem Weg zu gehen, erzählte er einfach, er könne nicht schwimmen, und blieb so des Öfteren von den lästigen Strandurlauben verschont.

Und weil er sich auch nicht in Fremdsprachen verständigen konnte, blieb er nicht nur dem Wasser sondern auch fremden Ländern fern. Meine Mutter hatte häufig Fernweh und träumte von Urlauben an exotischen Zielen. Honza erklärte gerne: »Schatz, ich fahre mit dir, wohin du willst. Nach Aschaffenburg, Darmstadt, Offenbach – aber schlafen möchte ich zu Hause.« Immer wieder äußerte sie vor Honza den Wunsch, einmal nach Hawaii zu fliegen. Honza entgegnete trocken: »Da war ich schon. Ist nichts Besonderes!« Zuzka wunderte sich und fragte, wann das gewesen sein sollte. Er antwortete: »Letzte Nacht! Und ich kann dir sagen, es lohnt sich nicht.«

ÜBERGEWICHT

Anfang der 1980er-Jahre flogen meine Eltern nach Toronto, um gute alte Freunde aus der Tschechoslowakei zu besuchen. Einige hatten das Emigrationsziel Kanada tatsächlich erreicht und leben dort den Exiltraum vieler Tschechen. Wenn meine Eltern zu Hause davon sprachen, dass sie eigentlich nach Kanada hatten auswandern wollen, und erklären wollten, warum das nicht gelungen war, schoben sie als Hinderungsgrund Honzas miserable Fremdsprachenfähigkeiten vor. Mein Vater zuckte dann mit den Schultern, hob die Augenbrauen, neigte den Kopf, schlug die Hände zusammen und schnalzte mit der Zunge. Eine Geste die wohl sagen sollte: »Es hat halt nicht sein sollen«, und nie war klar, ob ihn das eigentlich wirklich störte.

Aber einige von Zuzkas alten Schulfreunden aus Prag hatten es über den Ozean geschafft und sich ein Leben im großen weiten Land der Freiheit aufgebaut. So auch Hanka und Michal, die mitten in der Wildnis Ontarios nach ihrer Emigration ein »Fishing Camp« führten. »Wood Cabins« heißt es und liegt am Oba Lake – außer ein paar Holzhütten, einem Steg, kleinen Holzbooten und Angeln gibt es dort weit und breit nichts. Keine Verkehrsanbindung, keine Einkaufsmöglichkeiten und damals gab es auch noch keinen Strom oder gar warmes Wasser. Ein Ort fern jeglicher Zivilisation mitten in der kanadischen Wildnis. Meine Eltern liebten die Natur, ganz besonders mein Vater, der ursprünglich gerne Veterinärmedizin studiert hätte, dem aber durch den Austritt seines Vaters aus der kommunistischen Partei dieser Werdegang verwehrt gewesen ist. John (ehemals Jan) Sedlmeier, ein recht kräftiger Tscheche, der schon nach wenigen Jahren im Exil aussah wie ein kanadischer Holzfäller – mit Haaren bis zur Schulter, einem grauen Vollbart, rosigen Wangen, immer guter Laune, einem karierten Hemd mit hochgekrempelten Ärmeln und Mokassins von Timberland – holte meine Eltern für den gemeinsamen Naturtrip ab. Entspannt fuhren sie im geräumigen Nobelschlitten nach Wawa, einem kleinen Ort, etwa 1.000 km von Toronto entfernt, von wo aus es nur zwei Möglichkeiten gab, zum Fishing Camp zu gelangen: entweder mit einem Zug, der nur alle zwei Tage fuhr und in dem man den Schaffner bitten musste, an Meile 212 zu halten, oder aber man mietete sich ein Wasserflugzeug mitsamt Piloten. Da Zuzka, Honza und John den Zug verpasst hatten, möglichst schnell zu ihren Freunden wollten und es obendrein für eine ziemlich außergewöhnliche Erfahrung hielten, mit einem Wasserflugzeug zu fliegen, gingen sie schnurstracks zur Vermietung. Der zuständige Mann am Schalter musterte die drei wohlgenährten Juden mit tschechischem Akzent von oben bis unten, hob die Augenbrauen und sagte: »Hm, also gut, das billigste Flugzeug kostet 250 $ und es wird ein bisschen dauern, bis ich unseren leichtesten Piloten auftreibe.« John und Zuzka, die Englisch verstanden, lachten über den Scherz, den sich der Mann offenbar auf ihre Kosten gemacht hatte. Die zwei Stunden bis zum Flug nutzten die drei, um für Hanka und Michal ein paar Lebensmittel und eine Kiste Bier für die Abende zu besorgen. Zurück am Flugplatz pflückte Zuzka noch einen Blumenstrauß auf der Wiese an der Startbahn für ihre Freundin Hanka.

Dann sahen die drei von Weitem einen schmächtigen Mann auf sie zukommen. Je näher er kam, umso deutlicher wurde, wie winzig und schmal er tatsächlich war. War es also doch kein Scherz gewesen? Das dürre Männlein, das aussah wie ein ausgehungertes Würmchen, stellte sich als Ethan Andrews vor. Er war der Pilot. Mit überheblichem Blick begutachtete er seine Passagiere, blies dann seine Backen auf und ließ die Luft nur ganz langsam wieder hinaus. »The maximum weight in my plane must not exceed 300 kg!« John übersetzte für Honza: »In den Flieger dürfen höchstens 300 kg an Gewicht.« Honza grinste: »No ja, und wir sind drei dicke Juden, die gerne Knödel essen …« Er klopfte John und sich auf die runden Bäuche. John entgegnete: »Das ist nicht lustig, Honza« – und riss meiner Mutter den dünnen Strauß aus der Hand. »Der bleibt hier!« Fassungslos sah Zuzka, wie John die mühsam gepflückten Blumen auf die Wiese zurückwarf. Der Pilot machte eine Handbewegung, die drei schnappten sich ihre Sachen sowie den Einkauf und folgten ihm zum Steg am Wasser, wo ein altes, gelbes Wasserflugzeug auf sie wartete. Honza flüsterte John zu: »Was machen wir mit dem Bier?« Die Antwort fiel sehr knapp aus: »Das muss mit!« Nachdem der Pilot die Tür geöffnet hatte und Zuzka den ausklappbaren Sitz hinter dem seinen zuwies, versuchte Honza, möglichst unauffällig die Kiste Budweiser neben sie zu stellen, und setzte sich geschwind darauf. Einen anderen Platz gab es offenbar für Honza nicht, denn John saß vorne neben dem Piloten und weitere ausklappbare Sitze konnte er nicht entdecken. Nachdem die Türen geschlossen waren schüttelte Ethan besorgt den Kopf und atmete tief durch.

Die drei Passagiere waren voller Vorfreude, als sich der Propeller vorne zu drehen begann. »Where are we heading to?«, fragte Ethan streng. »Wood Cabins, Oba Lake!«, antwortete John aufgeregt. Ethan hatte keine Ahnung, wo das sein sollte. Nachdem John ihm erklärt hatte, dass es ungefähr bei Meile 212 der Zugstrecke wäre, schüttelte Ethan erneut seinen kleinen Kopf und ließ die Luft nun ziemlich hörbar aus dem Mund entweichen. Dann müssten eben alle gut Ausschau nach dem Camp halten, meinte er und setzte das klapprige Flugzeug in Bewegung. Die drei Passagiere bestaunten den wundervollen Ausblick: das satte Grün und die Weite der unberührten Natur. Doch plötzlich verdunkelten Wolken den Himmel und ein grässliches Unwetter braute sich in buchstäblicher Windeseile zusammen. Es begann zu ruckeln – die Wolken und der Wind schienen die Macht über Ethan und den kleinen Flieger gewinnen zu wollen. Alle schauten nervös aus den Seitenfenstern in den Himmel, als könnten sie mit dem Blick das Gewitter verdrängen. Dann begann es auch noch zu blitzen und zu donnern und dicke Regentropfen krachten auf die Scheiben und das Blech. Das klapprige Flugzeug begann hin und her zu schwanken und Ethan schien nicht mehr wirklich die Kontrolle über sein Fluggerät zu haben. Er hielt den Steuerknüppel vor sich so fest umklammert, dass jede Ader seines Handrückens dick hochpochte. Muskeln und Knochen an seinem Hals wurden sichtbar. »What the heck? Shit …«, stammelte er, doch zu hören war sein schwaches Stimmchen bei dem Lärm nicht.

Zuzka und Honza starrten kreidebleich, mit aufgerissenen Augen abwechselnd auf den verkrampften Piloten und auf John, dem der Angstschweiß von den Haaren in den Nacken tropfte. Ihre Herzen rasten. Honzas Hintern auf der harten Bierkiste brannte, als säße er auf einem Scheiterhaufen. Er verfluchte Budweiser und jedes einzelne Bier, das er jemals getrunken hatte. Ruckartig drehte sich John nach hinten und schrie panisch: »Könnt ihr beten?« Beide schüttelten zitternd die Köpfe. »Gar nichts?« Wieder Kopfschütteln. »Dann sind wir am Arsch!« (Tschechisch: »Tak jsme v prdeli«). Honza spürte einen stechenden Schmerz seinen rechten Arm hochziehen, bemerkte dann aber, dass er offenbar in Panik den an der Flugzeugtür angebrachten Metallaschenbecher abgerissen und in seiner Hand zerdrückt hatte. Honza bemühte sich, seine Angst laut wegzuatmen. Zuzka schluchzte und griff nach seiner Hand, doch er stieß diese völlig apathisch weg und rief: »Nein! Jetzt ist jeder für sein eigenes Leben verantwortlich!« In diesem Moment schrie John mit sich überschlagender Stimme: »There it is! I can see Wooden Cabins and a lake!« Hoch konzentriert, mit beiden Händen am Steuerknüppel festgekrallt, nahm der Pilot das Ziel in Angriff. Ein letztes Donnergrollen ertönte, die Wolken öffneten sich wie durch ein Wunder und Ethan landete das kleine Flugzeug krachend auf dem Wasser des Oba Sees. Schweißgebadet und am ganzen Körper zitternd war keiner der vier in der Lage, auch nur einen Mucks von sich zu geben.

Hanka und Michal kamen in langen grünen Regenmänteln und hohen Gummistiefeln zum Steg gerannt. Ethan kletterte, grün im Gesicht, von seinem Sitz und öffnete die Türen. Honza und John schafften es nur auf allen Vieren, aus dem Flugzeug herauszukriechen, Zuzka hingegen blieb reglos sitzen, ihr versteifter Körper bebte innerlich. Sie musste von Michal herausgehoben und zur Hütte getragen werden. Nachdem sich alle einigermaßen beruhigt, ein Bier und einen Slivovic getrunken hatten, sagte Honza: »Also Leute, wir sind wirklich miserable Juden! Jetzt sollten wir entweder lernen zu beten, mit dem Biertrinken aufhören oder aber dringend abnehmen!« Alle lachten und tranken darauf das nächste Budweiser. Zurück nach Wawa stiegen sie lieber an der Meile 212 in den Zug.

WORTE, NICHTS ALS WORTE

Als ich eines Tages meinem Vater, der gerade gemütlich auf der Couch lag, auf seine Scherze entgegnete, er sei ein riesiger »Kokot«, wurde er kreidebleich und verstummte. Nichtsahnend hatte ich zu meinem lieben Papa gesagt: »Du bist ein riesen Schwanz!« Ich schämte mich in Grund und Boden. Als Jugendliche hatte ich zu Hause dieses tschechische Wort aufgeschnappt, von dem ich sicher war, dass es so etwas wie *Clown* oder *Quatschkopf* bedeuten müsse. Die Kraft von Worten, insbesondere von Schimpfwörtern hängt von verschiedenen Faktoren ab: vom Alter derjenigen, die sie benutzen oder die angesprochen werden, vom Zusammenhang, in dem sie zur Anwendung kommen, vom Umfeld, dem Bildungsgrad der Sprechenden und der Angesprochenen und vor allem von den Sprachkenntnissen. Dabei geht es nicht immer nur um die akademischen Sprachkompetenzen, sondern auch um das Gefühl, das ein Mensch für eine Sprache hat. So erscheinen mir Worte im Tschechischen furchtbar ordinär, die für andere vielleicht völlig harmlos sind und umgekehrt.

Nachdem das Missverständnis und meine Fehldeutung des Wortes aufgeklärt waren, freute sich Honza, dass wenigstens ein einziges Mal nicht er derjenige gewesen war, der für sein mangelndes Sprachgefühl ausgelacht wurde. Zu seinem guten Freund Mikeš sagte er einmal: »Kein Wunder, dass die Leute mich nicht verstehen. Wenn ich mich selbst Deutsch reden höre, verstehe ich auch kein Wort.« Allerdings fanden Mikeš und meine Mutter, die hochnäsigen Großstädter aus Prag, dass sogar das Tschechisch von Honza unanständig klang – immerhin sprach er mit mährisch-ostrauischem Dialekt.

Honzas Deutschkenntnisse hatte er von den Raststätten, an denen er Würste aß und mit Lastwagenfahrern aus aller Herren Ländern quatschte, von den Kundinnen im Geschäft und aus dem Fernsehen. So entwickelte er eigene, sehr charmante Wortkreationen. Beispielsweise hat ein Mensch, der sich im Laufe der Zeit positiv entwickelt, sich in Honzas Worten »ganz schön ausmausiert«. Oder wenn er seinem guten Freund Max über zu wenige Kunden klagte, so hieß es: »Heute läuft das Geschäft sehr schwach, nur *Warschauer* unterwegs.« Gemeint waren Menschen, die die Ware lediglich durchs Schaufenster betrachteten. Seinem tschechischen Akzent geschuldet, kam es ab und zu auch zu Missverständnissen. Wenn er zum Beispiel zu einer Kundin unter vier Augen an der Kasse sagte: »Ihnen fehlt eine Tite!« Die Kundin erstarrte für Bruchteile von Sekunden, wurde rot und lächelte erleichtert, als sie Honza nach einem Transportbehältnis für ihren Einkauf greifen sah.

Fand Honza etwas überraschend oder wollte es als unwichtig abtun, benutze er gerne die Redewendung »Geh' kacken!«. Dabei hob er meist seine Augenbrauen, neigte den Kopf und grinste verschmitzt. Vielleicht ist der ein oder andere zunächst etwas irritiert gewesen, aber böse konnte man ihm eigentlich nie sein. Nichts an Honza war aggressiv oder boshaft. Er war der friedfertigste, gelassenste und genügsamste Mensch, den ich bisher kennengelernt habe. So verstanden Honzas Freunde und Familie sein Lieblingswort »Arschloch« auch eher als Liebeserklärung denn als Schimpfwort. Ihm ist wahrscheinlich nie bewusst gewesen, wie unanständig dieses Wort ist, und er benutzte es auch in völlig abwegigen Momenten. Bei ihm klang es aber eher wie: du Faulpelz, du Blödian, du Nervensäge oder du Langweiler. Es hatte etwas entspannt Freundliches und Liebevolles, und mit »Aaaach, du bist ein Arrrschloch«, betitelte er ab und an sogar meinen Bruder Martin oder mich.

Recht kurz nach ihrer Emigration machte meine Mutter, mit natürlich sehr schlechten Deutschkenntnissen, ihren Führerschein und zuckte jedes Mal erschrocken zusammen, wenn ihr Fahrlehrer von der nächsten »Kurve« sprach. – »Kurva/Kurwa« bedeutet in den meisten slawisch-sprachigen Ländern Hure.

Und die Fehldeutung einer fremden Sprache funktioniert auch in die andere Richtung. Als ich beispielsweise nach meinem Abitur in München in der Redaktion der Fernsehsendung »Herzblatt« arbeitete und das Büro mit anderen Mitarbeitern und Mitarbeiterinnen, die allesamt aus Bayern stammten, teilte, geschah es manchmal, dass meine Eltern mich während meiner Arbeitszeit anriefen. Ich hob den Telefonhörer ab und begrüßte sie mit: »Ahoj, jak se máš?« (Hallo, wie geht's?) Daraufhin fingen die Kollegen immer an zu lachen. Nach einiger Zeit fiel mir das auf und ich fragte verwundert nach. »Na, immer wenn irgendjemand aus deiner Familie anruft, fragst du als Erstes: Ahoj, leck's mi om Oarsch?«.

Die Jugendlichen, die auf der Frankfurter Konstablerwache herumlungern und allen möglichen Nationalitäten und Religionen angehören, beschimpfen sich neuerdings gegenseitig mit dem Wort »Schmock«, anstelle von Idiot, Depp oder Arschloch. Meine Kinder sagen, dass heutzutage einfach jeder den jüdischen Ausdruck »Schmock« benutze: auf der Straße, im Sportverein, im Fitnessstudio, alle Youtuber, einfach alle ... Offenbar nicht ahnend, wo er herkommt. Denn, ob sie »Schmock« weiterhin benutzen würden, wenn sie wüssten, dass das Wort aus dem Jiddischen stammt und von den meisten Juden auch als »Penis« verstanden wird, ist unwahrscheinlich. Ein wenig tröstend ist nur, dass die Verwendung des Wortes »Jude«, das als Schimpfwort unter Nichtjuden leider gang und gäbe geworden ist, dadurch vielleicht ein winziges Bisschen an Boshaftigkeit verliert. Denn Unwissen oder Dummheit sind für mich immer noch die nachvollziehbarsten und ungefährlichsten Gründe für Antisemitismus.

In der 10. Klasse verbrachte meine Tochter Lyel ein Auslandssemester in den USA. In Summerville, einem kleinen Ort in South Carolina, besuchte sie eine High School und lebte bei einer Gastmutter und ihrer Tochter.

Da wir nie wirklich religiös gelebt haben, war es Lyel völlig gleichgültig, ob es in Summerville Juden gab, zu denen sie hätte Kontakt aufnehmen können, um Feiertage zu feiern oder gemeinsam in die Synagoge zu gehen. Es spielte für sie keine Rolle, dass es in dem kleinen Ort offenbar keine Juden gab. Als sie aber im Dezember, kurz vor den Weihnachtsferien, in der Mensa ihrer High School einen Mitschüler in einem Pullover sah, auf dem Chanukkasymbole zu sehen waren, freute sie sich so sehr über diese bislang unbekannte Verbindung, dass sie ihm laut zurief: »Oh my god, are you jewish?« Augenblicklich wurde es in der gesamten Mensa mucksmäuschenstill. Alle Schüler starrten Lyel entsetzt an. Sie blickte sich um, wurde kreidebleich und begriff: sie, eine Deutsche, die den einen Juden der Schule vor allen anderen herausgepickt hatte! Der Junge antwortete unsicher: »Well, yes, I am? Why?« Lyel entgegnete hastig und unsicher lachend: »I am jewish too!« Durch den Saal ging ein erleichtertes Raunen und das Mittagessen wurde fortgesetzt, als sei nichts gewesen.

Absurditäten werden uns in den USA oft schneller deutlich als in anderen Ländern. Immerhin ist alles größer dort: die Entfernungen, die Hochhäuser, die Schulen, die Einkaufszentren, die Portionen, die Autos; die Reichen sind reicher, die Dicken sind dicker und die Dummen sind dümmer. Lyel ist zu einer Zeit dort gewesen, als Schüler aufgehört haben, mit anderen Mitschülern zu sprechen, nur weil die es wagten, etwas Kritisches über Donald Trumps Politik zu äußern. Die Vereinigten Staaten von Amerika, ein Land in dem in großen Teilen, besonders im Süden, nach wie vor ein unglaublicher Rassismus gegen Afroamerikaner herrscht und Polizeigewalt gegen Schwarze Alltag ist – in diesem Land gibt es absolut keinen Kontext, in dem das Wort »Neger« ausgesprochen werden darf, auch nicht in einem historischen oder politisch korrekten Zusammenhang. In Amerika werden zwar Schwarze von weißen Polizisten auf der Straße erschossen, aber wenn ein Schüler anstatt »The N-Word« das Wort Neger vollständig ausspricht, fliegt er von der Schule. Genau wie ein amerikanischer Lehrer, der bei der Besprechung des Buchklassikers »Wer die Nachtigall stört«, die Bedeutung des Wortes Neger in dem Buch verdeutlichen wollte und dafür seine Stelle verlor. So wird dieser Roman von Harper Lee auch immer wieder von Lehrplänen amerikanischer Schulen gestrichen.

Aber leider stellen große Ozeane keine Grenzen oder Hindernisse für Engstirnigkeit, Ignoranz und Intoleranz dar. Zu Beginn ihres Auslandsaufenthaltes freundete sich Lyel mit einer anderen deutschen Austauschschülerin an, die ihr irgendwann verriet, dass sie »Negerküsse« liebe. Lyel war sehr befremdet. Ihre Freundin bestand inständig auf die veraltete und politisch völlig inakzeptable Bezeichnung, schließlich hatten ihr die ihre Eltern beigebracht und diese weigerten sich ebenso vehement, die Süßigkeit umzubenennen.

Worte haben große Macht und Einfluss auf uns: Sie können beruhigen, helfen, ermuntern und informieren, aber genauso können sie verletzen, verstören, ängstigen und zu Wut und Hass verleiten. All das hängt unmittelbar mit dem jeweiligen Kontext zusammen, in dem Worte verwendet werden, und natürlich auch mit den Menschen, die diese in den Mund nehmen.

Als ich in Lyels Alter war, hat sich jüdischen Jugendlichen immer wieder die Frage gestellt, ob wir uns als Juden in Deutschland oder als jüdische Deutsche fühlten. Die meisten unserer Eltern kamen aus anderen Ländern, hatten Wurzeln in anderen Kulturen und sprachen zu Hause noch mindestens eine andere Sprache als Deutsch. So ist es eigentlich nicht verwunderlich gewesen, dass kaum einer von uns jüdischen Kindern damals grammatikalisch richtiges

Deutsch gesprochen hat. Dazu kam, dass die Eltern der meisten jüdischen Kinder mehr daran interessiert waren, dass diese in der Schule Englisch lernten und nicht unbedingt ihre Kenntnisse der deutschen Sprache vertieften. Vielleicht ein Zeichen dafür, dass damals viele innerlich noch immer auf gepackten Koffern saßen. Mir ist allerdings meine Sprache schon als kleines Kind so wichtig gewesen, dass ich mir meinen tschechischen Akzent bereits in der ersten Klasse alleine vor dem Spiegel abtrainiert und später in der Oberstufe als Leistungsfach Deutsch gewählt habe. Damals unter meinen jüdischen Freunden eine eher exotische Wahl. Wenn ich heute darüber nachdenke, mit welcher Nationalität ich mich identifiziere, so ist die Antwort ganz eindeutig mit der Sprache verbunden, in der ich mich am besten ausdrücken kann, in der ich träume und die ich am besten spüre. Vor allem aber sind all die Dinge, die ich tue und besonders liebe, untrennbar mit der deutschen Sprache verbunden: das Schreiben, das Theaterspielen, das Synchron- und Werbesprechen und das Erfinden und Erarbeiten von Geschichten und Drehbüchern für Filme, die auf großen Familienfesten den Feiernden als Überraschung gezeigt werden. Nichts davon könnte ich ohne weiteres in einer anderen Sprache tun. Sprache ist mein Zuhause und Teil meiner Identität. Und die ist Deutsch. Aber ob ich mich nun unumwunden, völlig bedenkenlos und mit aller Konsequenz »den Deutschen« zu einhundert Prozent zugehörig fühle? Womöglich steckt auch in meinem Kopf noch immer ein winzig kleiner Koffer, den es im Notfall aus der hintersten Ecke zu holen gilt.

BARUCH HASCHEM

Meiner »ersten großen Liebe« begegnete ich mit fast 18 Jahren: ein großer, sportlicher Mann mit tschechischen Wurzeln und Sprachkenntnissen. Er spielte Gitarre, sang in einer Band, war bereits Arzt und darum natürlich älter als ich. Ein Schürzenjäger, der um seinen Charme und seine Attraktivität wusste. Ich fand einfach alles an Robert großartig. Er hatte: Selbstbewusstsein, Intelligenz, Humor, Entschlossenheit, Ansehen und kulturelle Wurzeln, die den meinen ähnlich waren. Mit seinen Eltern sprach ich Tschechisch und er mit meinen auch. Auf meine Mutter machte das großen Eindruck.

Sogar seine Freunde waren beeindruckt. Sie fragten mich, wie ich das gemacht hätte? Denn so loyal und anständig einer Frau gegenüber hätten sie Robert noch nie erlebt. Ich, eine kleine Abiturientin, hätte diesen Macho bezwungen, wenn nicht gar verzaubert. Ich war stolz und wahnsinnig verliebt.

Als sich nach einigen Monaten aber sein Verhalten merkwürdig veränderte, war ich verunsichert und stellte ihn zur Rede. Das Gespräch war recht kurz und mündete darin, dass er mir offenbarte, er habe sich in eine andere Frau verliebt, mir verbot, darüber zu schimpfen, mir meine Jacke reichte und mich kurzerhand aus seiner Wohnung warf.

Es war fast Mitternacht und es fühlte sich an, als müsste mein Leben in diesem Moment enden, in dieser lauen Frühlingsnacht im Jahre 1994 in der Frankfurter Raimundstraße vor dem Hochhaus, in dem meine Liebe im 13. Stock wohnte und mich rabiat mitsamt Jacke vor die Tür gesetzt hatte.

Meine Abiturprüfungen standen nur drei Tage später an. Die würde ich nun natürlich niemals bestehen können, dachte ich. Ich war fassungslos und verzweifelt – mein Leben ein einziger Trümmerhaufen.

Mit hängendem Kopf und kraftlosen Gliedern kam ich nach Hause, wie ein kleines, nass gewordenes Häschen, das nach großem Sturm zitternd und ängstlich in seinen Bau zurückfindet. Meine Mutter lag auf der Couch im Wohnzimmer und schaute die NDR-Talkshow. Als sie mich sah, setzte sie sich sofort auf, schaltete den Fernseher aus und begann, mich besorgt auszufragen. Kaum hatte ich das erste Wort ausgesprochen, strömten die Tränen aus meinen Augen. Ich schluchzte und schimpfte, klagte und litt. Mama meckerte aus ganzem Herzen mit. Wir belegten den Mistkerl mit Flüchen und wüsten Beschimpfungen. Wir analysierten alles bis ins letzte Detail und befanden diesen Typen für unanständig, verlogen, betrügerisch, dumm, rüpelhaft und völlig herzlos. So ging das bis etwa drei Uhr morgens. Trotz des stundenlangen Gesprächs mit meiner Mutter konnte ich nicht aufhören zu weinen und schleppte mich schließlich schluchzend die Treppe hoch ins Bett.

In diesem Moment kam mir mein Vater verschlafen entgegen. Mit zerzausten Haaren, in seinem gestreiften Pyjama mit kurzer Hose und V-Ausschnitt, war er auf dem Weg zu seinem nächtlichen Toilettengang. Er sah mich und fragte nur mürrisch: »Co se stalo?« (Tschechisch: Was ist passiert?) Ich sagte ihm, dass Robert mit mir Schluss gemacht habe. Mein Papa, völlig stoisch, kratzte sich kurz an der Hüfte, zog die Augenbrauen zusammen, sagte: »Baruch haschem!« (Hebräisch: Gott sei Dank) und nahm mich in seine Arme. Noch nie hatte ich meinen Vater etwas auf Hebräisch sagen oder das Wort »Gott« in den Mund nehmen hören. Honza konnte nur Tschechisch und relativ schlechtes Deutsch und hatte mit Religion absolut nichts am Hut. Ich brach in schallendes Gelächter aus und konnte mich überhaupt nicht mehr einkriegen. Meine Mutter kam panisch, in der Angst etwas Schlimmes sei passiert, die Treppe hochgerannt. Als sie verstand, was los war, war sie restlos empört: »Ich rede mit dir drei Stunden, tröste und verstehe dich, streichle und halte dich. Und dann kommt Honza, sagt zwei Worte und dir geht es gut?« Wir lachten zu dritt, ich ging schlafen und bestand mein Abitur. Baruch haschem!

STUDIUM

Mein Studium absolvierte ich in Prag, nur wenige Jahre nach der Wende. Noch war alles im Umbruch und die Preise im Vergleich zu Deutschland lächerlich. Wie eine Made im Speck konnte ich dort leben.

Ich wohnte in der Wohnung, die meine Eltern nach dem politischen Umbruch, in der Hoffnung auf eine Rückkehr in die Heimat, günstig erworben hatten. Sie war viel zu groß für eine Studentin. Jung und ängstlich, wie ich war, belastete mich das. Meine Kommilitonen an der Hochschule der Dramatischen Künste kamen aus kleinen Ortschaften der Tschechischen Republik nach Prag und lebten in Studentenwohnheimen oder billigen Vorstadt-WGs in Plattenbauten. Für sie war ein Studium und noch dazu in der Hauptstadt eine große finanzielle Herausforderung.

Ich fürchtete ungemein, als reiche Deutsche oder gar als reiche, deutsche Jüdin abgestempelt und verurteilt zu werden. Also verheimlichte ich meine fürstliche Behausung und gab vor, bei meiner Oma zu wohnen, um niemanden einladen zu müssen. Auch bemühte ich mich, mich möglichst un-westlich zu kleiden und beim gemeinsamen Ausgehen nicht kundzutun, dass ich mir ein weiteres Glas Wein für ca. 80 Pfennig locker hätte leisten können. Die anderen mussten ihre Kronen zusammenzählen und prüfen, ob ein zweites Glas noch im Budget war. Jahre später erzählte ich das einem Freund in Deutschland und der fragte: »Warum hast du nicht einfach alle eingeladen und ständig Partys geschmissen?« Doch zu der Zeit war meine Befürchtung zu groß, unangenehmen Vorurteilen zu entsprechen – und das war kein so abwegiger Gedanke.

Viele Tschechen mochten die Deutschen nicht sonderlich, empfanden sie als arrogant und überheblich, außerdem als laut und pöbelnd. Abgesehen davon, konnte Tschechien, wie die meisten anderen Länder auch, den Deutschen den Nationalsozialismus, der sie mitschuldig gemacht und somit beschmutzt hatte, nicht verzeihen. Seit Kriegsende ist es für europäische Länder einfach gewesen, unschuldig die Hände zu heben und mit dem Finger auf die Deutschen zu zeigen und sich ihre Mitschuld und den eigenen scharfen Antisemitismus im Volk während des Nationalsozialismus nicht richtig einzugestehen. Die Deutschen sind einfach gekommen und haben alles ein- und weggenommen. Dagegen war offenbar einfach nichts zu machen! Dass einige Länder es aber nicht einmal versucht haben und vielleicht selbst starke faschistische Tendenzen hatten oder einfach nur froh waren, dass jemand sie endlich von den Juden befreien würde, wird, unter lauten Schuldzuweisungen, einfach unter den Teppich gekehrt. In Polen ist 2018 sogar ein Gesetz in Kraft getreten, das bis zu drei Jahren Haft für diejenigen vorsieht, die Polen eine Mitschuld an den Verbrechen des Holocaust unterstellen. Genauso geahndet wird dort, wenn jemand die Vernichtungslager, die die Nationalsozialisten in Polen errichtet haben, als polnische Vernichtungslager bezeichnet.

Mit meinen Mitstudenten saß ich während eines Regiekurses im Kreis und lauschte unserem Dozenten, Herrn Regisseur Kracík. Er referierte darüber, dass das absolut wichtigste Arbeitsmaterial eines jeden Regisseurs ein Bleistift und ein Block seien, die man immer mit sich führen müsse. Denn die wichtigste Eigenschaft wiederum, die man in dem Beruf mitzubringen habe, sei Beobachtungsgabe. Und Interessantes müsse man sofort notieren können. Er betonte, dass zur richtigen Beobachtung alle Sinne nötig seien, man also nicht nur genau hinsehen, sondern natürlich auch riechen, spüren, schmecken und vor allem hören müsse. Er begann, von unterschiedlichen Menschen und Sprachen zu berichten. Plötzlich forderte er mich auf: »Bišický!« Schon, wie er mich anredete, war speziell. Denn tschechische Frauen tragen ein A in der Endung ihres Nachnamens und so hätte ich in Tschechien eigentlich Bišická heißen müssen. Petr Kracík benutzte und betonte aber immer wieder die deutsche Variante meines Namens und sprach mich meist in scharfem militärischen Ton an: »Bišický! Sag' mal ein paar Sätze auf Deutsch!« Ich war irritiert und zierte mich, doch nach weiteren Aufforderungen sagte ich schließlich ein paar belanglose Sätze auf Deutsch. Stille. Kracík schaute mich ziemlich perplex an. »Das war doch kein Deutsch!« »Doch!«, wunderte ich mich. Schließlich grinste er und erklärte den anderen, dass Deutsch eigentlich so nicht klinge. Das läge sicher daran, dass ich von Haus aus Tschechisch spreche, denn so sanftes Deutsch habe er noch nie gehört. Es folgte eine schauspielerische Darbietung unseres Regiedozenten als Charlie Chaplin, der in »Der Diktator« Adolf Hitler imitiert. Alle lachten und bestätigten, dass mein Deutsch sicher nicht das richtige Deutsch sei.

In den Ohren des Regisseurs sprach ich also kein Deutsch. Darum und weil ich Jüdin war, musste ich nicht fürchten, als Nazi beschimpft zu werden. Meine Befürchtung, möglicherweise das Vorurteil von der reichen Jüdin zu bestätigen, blieb aber.

Als sich meine Eltern wieder einmal zu einem ihrer Pragbesuche angekündigt hatten, machte ich nach den Vorlesungen in der Akademie einen Großeinkauf im nächstgelegenen Supermarkt. Ich war entschlossen, die fünf schweren Tüten nicht mit der Straßenbahn und dann zu Fuß den Hügel hoch zur Wohnung zu schleppen, sondern mir heimlich und von den anderen unbemerkt ein Taxi zu nehmen, das damals auch extrem günstig war. Angestrengt trug ich die Tüten zur nächsten Hauptstraße, stellte sie ab und hob den Arm, um mir ein Taxi zu rufen. Doch statt des Taxis kamen mir einige Kommilitonen entgegen. Ich wurde blass, der erhobene Arm begann zu winken und ein gequältes Lächeln erschien auf meinem Gesicht. Nach ein paar Phrasen verabschiedete ich mich, hob meine Tüten vom Asphalt und trottete zur nächsten Straßenbahn. Die reiche West-Jüdin kam völlig erschöpft zu Hause an und bemitleidete sich.

Eines Abends saß ich in einem dunklen Prager Café, das mit Möbelstücken aus vergangenen Jahrzenten ausgestattet war: jeder Tisch, jede Lampe, jedes Bild, jeder Stuhl – ein Sammelsurium von Erbstücken diverser Großeltern. Hier saß ich mit einem Buch und einem Tee. Ich beobachtete die Gäste und Kellner, wie mein Regieprofessor Kracík empfohlen hatte, und kam mir unglaublich intellektuell vor. Plötzlich wurde ich aus meinen Gedanken aufgeschreckt. Eine junge Frau berührte meine Stuhllehne und beugte sich zu mir herunter: »Du bist so hübsch, du musst eine Jüdin sein!«, lächelte sie mir zu. »Waaaas?«, entfuhr es mir. Sie führte aus, sie habe eine Zeit lang in New York gelebt, dort sehr viele jüdische Freunde gehabt und habe sogar eigene jüdische Wurzeln im Stammbaum. Sie stellte sich als Nicole vor und setzte sich zu mir. So ein absurdes Vorurteil kannte ich noch nicht. Das schräge Kompliment machte mich ziemlich verlegen. Ich vermutete eine skurrile lesbische Anmache – diese Vermutung bestätigte sich allerdings nicht. Wir lachten gemeinsam darüber und Nicole wurde zu einer guten Freundin in Prag.

ROTE BETE

Meine Oma Helenka ging mittags gern ins Prager jüdische Gemeindezentrum zum Mittagessen. Jeden Tag gab es dort für Gemeindemitglieder eine Suppe, eine Hauptspeise und sogar einen Nachtisch zu einem sehr niedrigen, fast schon symbolischen Preis. Die Senioren, die nicht mehr mobil oder bedürftig waren, bekamen das Essen sogar bis nach Hause gebracht. Aber meine Oma war noch fit genug und nutzte den Weg als Beschäftigung für den Tag. Immerhin liegt die jüdische Gemeinde mitten im Zentrum von Prag, umgeben von prächtigen und geschichtsträchtigen Bauten. Direkt neben der Gemeinde auf der Maiselgasse steht beispielsweise die »Altneu-Schul« aus dem 13. Jahrhundert, die eine der ältesten, unzerstört erhaltenen Synagogen Europas ist. Nur etwa 50 Meter weiter befindet sich der Alte Jüdische Friedhof, wo auf engstem Raum etwa 12.000 Grabsteine in zwölf Schichten aufeinander liegen. Hier ist auch das Grab des sagenumwobenen Rabbi Löw, der den Golem, ein Wesen aus Lehm, erschaffen haben soll. Hinter dem Gemeindezentrum verläuft die nobelste Straße der ganzen Stadt, die Pariser Straße, die auf den Altstädter Ring mündet, wo Bauten aus fünf verschiedenen Epochen der Weltgeschichte stehen. Die Gegend eignet sich also recht gut für Spaziergänge.

Meine Oma legte sich ihre Arzttermine immer so, dass sie pünktlich um 12 Uhr mit der Straßenbahn im

Gemeindezentrum eintraf, um ihre Freundinnen – zumindest die, die noch lebten – im Gemeindesaal treffen zu können. Meist saßen die alten Damen, vereinzelt auch mal ein alter Herr bis in den Nachmittag zusammen und plauschten. Darüber, wie Alena sich wieder einmal wichtig tut mit ihrem Sohn in Amerika, über Františeks Hüftprobleme, den günstigen Joghurt, den es jetzt nur noch im Geschäft im nächsten Stadtteil gibt, die Backkünste der Frau des Rabbiners, über die garstige alte Věra und natürlich über alle Kinder und Enkelkinder und die dazugehörigen Freuden und Sorgen.

Besonders gefreut hat es meine Oma, wenn ich mit ihr zum Mittagessen ging. Alle Omas führten ihre Enkel wie Trophäen vor, wenn sie sie begleiteten. Ich musste mit Helenka zu allen Tischen gehen, an denen sie jemanden kannte, und freundlich grüßen. Meine Oma bekam dann immer etwas herrlich Arrogantes, wenn sie den neugierigen Alten ihre Enkeltochter entriss und etwa sagte: »Olinka, lass sie in Ruhe, sie hat Hunger und nicht so viel Zeit für deinen Quatsch. Ich erzähle dir alles morgen in Ruhe.« Mit hochgezogenen Augenbrauen und geschwellter Brust zog sie mich dann am Arm hinter sich her an einen leeren Tisch, und wehe, es wagte jemand, sich zu uns setzen zu wollen, dann guckte Helenka nur giftig. Die Enkel wurden bestaunt, beklatscht und kritiklos bejubelt. Wir Enkel waren für die Menschen, die in diesem Speisesaal aßen, der Beweis dafür, dass sich das Überleben gelohnt hatte.

Als meine Mutter einmal auch in Prag war, gingen wir gemeinsam mit meiner Oma zum Mittagessen. Nachdem wir die Begrüßungszeremonie hinter uns gebracht hatten, setzten wir uns und bekamen auch recht schnell unser Essen. An diesem Tag waren ungewöhnlich viele Fromme im Saal – möglicherweise eine Reisegruppe, ein Seminar oder irgendein Feiertag, von dem ich nichts ahnte. Plötzlich ließ meine Mutter ihre Gabel fallen und schrie laut auf. Mir wurde eigenartig heiß und meine Hände prickelten irgendwie seltsam. Wahrscheinlich der Schreck. »Mama, was ist denn?« »Báro, was ist mit dir?«, entfuhr es ihr ziemlich hysterisch und laut. »Geht es dir nicht gut?« Der ganze Saal starrte uns an. Nein, starrte MICH an! Mir wurde immer heißer. Meine Mutter stand auf und atmete hektisch ein und aus, während meine Oma ihren Kopf in die auf dem Tisch aufgestellten Hände legte und entsetzt murmelte: »Bože můj!« (Mein Gott!) Da sah ich meine Hände. Sie waren rot wie Feuer und genauso fühlten sie sich plötzlich auch an. Die Hitze war jetzt überall zu spüren. Mein Kopf glühte wie Lava. Meine Mutter schrie: »Einen Krankenwagen! Wir brauchen einen Krankenwagen!« Sofort stürmten mindestens vier der orthodoxen Juden vom Nebentisch zu uns und begannen zu beten. Sie wiegten sich im Rhythmus ihrer Verse. Die Alten von den anderen Tischen riefen alle aufgeregt durcheinander, schlurften teilweise an ihren Rollatoren näher, meine Mutter kramte eine Zigarette aus ihrer Handtasche und zündete sie einfach mitten im Speisesaal an. Ich saß wie versteinert am Tisch, glühte vor mich hin und ließ das Theater um mich herum geschehen. Alles drehte sich: die Alten, die Kellner, die frommen Betenden, meine verzweifelte Oma und meine Mutter, die kurz vor einem Nervenzusammenbruch zu sein schien. Zehn Minuten und zwei Zigaretten später, schmiss sie den Glimmstängel auf den Boden, zertrat ihn und schimpfte laut: »Wenn der scheiß Krankenwagen nicht kommt, dann fahre ich sie eben selber.« Sie schimpfte wüst auf das marode System, klemmte mich unter den Arm und führte mich ab. Ich schaute mich um, sah all die Menschen, die in einer Art Angststarre hinter uns her sahen, und meine Oma, die in der ihr schnellstmöglichen Weise versuchte, unsere Handtaschen, Jacken und Schals zusammenzukramen und hinter uns her trottete.

Am VW Golf meiner Mutter machte sich gerade ein Verkehrspolizist mit einer Radklemme ans Werk. Natürlich darf man in der gesamten Altstadt von Prag nicht ohne Anwohnerschein parken, und ein deutsches Kennzeichen verlockt tschechische Polizisten obendrein zu ein wenig strengeren Maßnahmen. Schon von Weitem schrie meine Mutter: »Neeeeeiiiiiinnnnnnn!!! Lassen Sie das! Wir müssen ins Krankenhaus! Meine Tochter stirbt.« Dabei zerrte sie mich immer noch am Ärmel hinter sich her und mir wurde speiübel. »Das dürfen Sie nicht! Glauben sie mir! Wir müssen ins Krankenhaus.« Meine kleine Oma erreichte uns etwas atemlos mit all unseren Sachen in den Armen. Der Polizist beäugte uns drei, schüttelte den Kopf und machte sich an die Arbeit, die Klemme anzubringen. Da kannte meine Mutter kein Halten mehr. Sie zog einen 500 Kronen Schein aus der Tasche und jaulte: »Das können sie mir nicht antun. Wenn sie wüssten, was meine Familie schon alles durchgemacht hat. Sehen Sie denn nicht, wie meine Tochter leidet? Das können sie doch nicht ernsthaft zulassen. Nur um die Regeln zu wahren? Was sind Sie nur für ein Mensch?« Ich dachte, ich versinke im Erdboden. Helenka schaute sich ängstlich in alle Richtungen um, ob sie jemanden kannte. Ich weiß nicht, wer sich mehr schämte, Helenka oder ich. Ging es mir wirklich so schlecht? Gut, meine Haut brannte, aber Lebensgefahr? Meine Mutter bot eine herzzerreißende und hochdramatische Vorstellung. Der Polizist steckte schnell das Geld ein und machte eine Kopfbewegung, die uns die Richtung wies. Kaum hatten wir die Autotüren hinter uns geschlossen, zündete sich meine Mutter die nächste Zigarette an und sagte: »So ein Arschloch!«

Im Krankenhaus bekam ich eine antiallergische Calciumspritze und meine Mutter ein Beruhigungsmittel. Zu Hause dann war mir völlig klar, was der Grund für all das gewesen sein musste: die Rote Bete vom Tellerrand – exakt wie die sah ich nämlich aus. Meine heftige allergische Reaktion hatte meiner Mutter einen nervlichen Schock beschert und der Prager Gemeinde eine kleine Aufregung. Die Alten jedenfalls hatten nun etwas Neues zu bereden und die Frommen, die offenbar Touristen waren und daher kein Wort Tschechisch verstanden, eine schaurige Geschichte aus dem sagenhaften Prag des Golem.

WER BIN ICH

Lotte ist seit unserer Einschulung im Jahr 1981 mit ein paar Jahren pubertär verstrittener Unterbrechung meine engste Vertraute und beste Freundin. Sie ist die erste Person, die ich anrufe, wenn etwas Bewegendes passiert, und sei es nur, dass mir ein Nagel eingerissen ist. Sie steht zu und hinter mir und darf mich dabei jederzeit in Frage stellen. Sie ist einer der tolerantesten und weltoffensten Menschen, die ich kenne, und damit ein wichtiger Maßstab für mich. Durch die Freundschaft mit ihr habe ich als Kind Bami Goreng von Bofrost gegessen, mit Erstaunen festgestellt, dass man bei ihr zu Hause sowohl über Politik als auch darüber diskutiert, wieviel Toilettenpapier ein Kind auf Klassenfahrt benötigt, habe mit Lotte hemmungslose Telefonstreiche gemacht, viel zu früh heimlich Horrorfilme geschaut und beim Barbie-Spielen die Puppen meist ins Waisenhaus geschickt oder furchtbare Misshandlungen durchleben lassen. Lotte und ich übernachteten oft beieinander, erzählten uns gruselige Geschichten oder schauten einen schaurigen Video-Film aus der Sammlung ihres neun Jahre älteren Bruders.

An einem dieser Abende kamen meine Eltern von einer Einladung spät nach Hause und kippten vor Ekel fast um, als sie ihr eigenes Schlafzimmer betraten: Das ganze Zimmer stank abscheulich nach Knoblauch. Sie knipsten das Licht an und sahen uns beide friedlich im Ehebett schlummern, umgeben von Knoblauchknollen. Lotte und ich hatten am Abend »Dracula« gesehen und danach vor grauenvoller Vampir-Angst nicht nur ganze Knoblauchzehen gegessen, sondern sie auch überall im Schlafzimmer verteilt. Im Ehebett meiner Eltern schützten wir uns dann gegenseitig vor den bösen Blutsaugern. Kruzifixe allerdings waren im Hause Bišický nicht auffindbar. Gegen Vampire ist ein jüdischer Haushalt einfach nicht ausreichend gewappnet.

Lotte ist nicht jüdisch – Religion und Herkunft haben zwischen uns nie eine Rolle gespielt. Mit ihren Anmerkungen und Gedanken regt sie mich immer wieder zum Nachdenken an, motiviert und inspiriert mich. Einmal erzählte ich etwas über Bekannte von uns und beschrieb die einen als Juden und die anderen als Deutsche. Lotte unterbrach mich und fragte: »Báro, wen meinst du mit ›Deutsche‹?« Diese Frage beschämte mich zutiefst. Ich entschuldigte mich bei ihr. Im Gespräch unter Juden wird immer wieder dieser Unterschied gemacht, obwohl wir alle selbst Deutsche sind. Diese Form der Selbstausgrenzung kann man auch bei anderen beobachten – ob Italiener, Türken, Marokkaner, Tschechen oder vielen anderen Menschen, die zwar Deutsche sind, aber eine andere kulturelle Herkunft haben und sich durch ihre Wurzeln vom Schweinsbraten und Sauerkraut abgrenzen wollen. Wahrscheinlich ist es eine Art Überlebensstrategie der eigenen Kultur oder nostalgische Wehmut über die verklärten Ursprünge. Deutsche werden mit negativen Zuschreibungen belegt und man selbst dadurch erhöht. Allerdings weiß ich nicht genau, was zuerst kam: die eigene Abgrenzung oder die Ausgrenzung durch die vermeintlich »wahren Deutschen«.

Denn die Frage ist doch: Wer ist heute eigentlich Deutsch? Jeder, der einen deutschen Pass hat? Jeder, der hier geboren wurde? Menschen, die hier arbeiten und sich an die Regeln halten? Oder nur jene mit heller Haut und ohne fremdartige Traditionen? Ich, Deutsche mit tschechisch-jüdischen Wurzeln, bin ein Paradebeispiel vermeintlich deutscher Tugenden: pünktlich, gewissenhaft, fleißig und ordentlich. Das sind doch aber die Japaner, die Schweizer, die Esten und die Skandinavier auch! Zuschreibungen grenzen ab und schaffen Vorurteile, insbesondere die negativen.

Lotte brachte mir einen Roman, den sie ausgelesen hatte und mir zu lesen empfahl: »Paula« von Isabelle Allende. Ein ziemlich dickes Buch, in dem es um Allendes todkranke Tochter geht. Am Krankenbett erzählt die Mutter ihrem Kind die gesamte Familiengeschichte. Ein wunderbares Buch, das mich besonders durch die eindringliche Sprache und die Mystik der Kultur tief berührt hat. Es hat aber auch noch etwas anderes mit mir gemacht: In mir wuchs ein Berg von Buchstaben, Wörtern, Sätzen und Geschichten an, die in die Welt wollten und nur noch ein Ventil suchten. Ich setzte mich an den Computer und begann zu schreiben. Einfach so: über die langen Fahrten meiner Familie nach Prag, die Grenzkontrollen der kommunistischen Zöllner, die Wohnung meiner Omas, das winzige tschechische Dorf, in dem ich meine Sommerferien verbracht habe, und das Schicksal meiner geliebten Oma Helenka. Die ersten zwölf getippten Seiten schickte ich Lotte und schrieb: »Ich habe keine Ahnung, was das ist, aber es musste raus. Könntest du es bitte einmal lesen?«

Am nächsten Tag rief sie mich an und sagte: »Báro, bitte schreib weiter, ich heule.« Die Worte, die über so viele Jahre verschlossen in einer Puzzlekiste meines Herzens geruht hatten, begannen, sich endlich zu einem Bild zusammenzusetzen. Lottes Ehemann Paolo, ebenfalls ein sehr guter Freund von mir, fragte mich nach der Lektüre meines ersten fertigen Buches: »Sag' mal, Báro, mir ist aufgefallen, dass im Verlauf deines Lebens das Judentum einen immer höheren Stellenwert eingenommen hat. Wieso ist das so? Wie kommt das?« Ich fühlte mich angegriffen und antwortete rasch: »Wie meinst du das? Das stimmt überhaupt nicht!« »Doch, doch! Erst habt ihr Weihnachten gefeiert und Spanferkel im Kühlschrank gehabt, keiner kannte jüdische Feiertage und ihr hattet nichts mit der Gemeinde zu tun. Und schau dich mal jetzt an! Ihr feiert jüdische Feiertage, deine Kinder sind auf der jüdischen Schule, du bist aktiv bei der WIZO (jüdische Frauenorganisation), arbeitest für die Gemeinde, deine Kinder feiern Bar und Bat Mitzwah, du schreibst ein Buch über die Holocaust-Erfahrungen deiner Großeltern und deine Identitätssuche ... Das ist schon ein ganz schöner Sprung!« Ich nickte und musste ihm Recht geben, redete mich aber mit den Kindern heraus. »Das fordern die Kinder ein! Schließlich sind sie in der jüdischen Schule, und das, weil das der Papa so wollte!«

Tagelang ließ mich der Gedanke allerdings nicht los: Bin ich jetzt eine von denen? Bin ich auch so eine Gemeindetante? Eine, die große Feste feiert, sich auch über ihr Judentum definiert, sich Gemeinderegeln fügt? Und die Antwort war: JA! Ja, das bin ich. Eine Jüdin, die ihre Wurzeln in der Gemeinschaft und

Zugehörigkeit spürt, die ihren Stamm nicht verleugnen kann und das auch nicht möchte, die große Feiern genießt und das etwas zu laute Auftreten einiger Juden irgendwie auch ganz gut findet. Es ist ein Teil von mir. Das Judentum ist eben nicht nur eine Religion, wir sind ein Volk mit einer gemeinsamen Geschichte und Tradition.

JUDE

Viele Menschen haben ein Problem allein schon mit dem Wort *Jude*. Es ist ein tief sitzendes Gefühl von »Das darf man nicht so laut sagen, das ist unanständig«. »Ich bin jüdisch« kann ich sagen, nicht aber »Ich bin Jude/Jüdin«. Das klingt wie »Ich bin ein Kamel« oder »Ich stinke«. Und dann stelle man sich noch vor, das U wird ein bisschen zu lang gesprochen und das D ein bisschen zu weich über den Gaumen gedrückt – dann sind wir definitiv in einer sehr negativen Konnotation des Wortes. »Ich bin Juuuuuudeee« – das klingt bedrohlich, als käme nun der Dieb, der Parasit, der Brunnenvergifter und Jesusmörder ...

Meine Kinder lieben es, Formulare auszufüllen. Wo immer es eines gibt, schreit eines meiner Kinder, ob es schreiben dürfe. Und auch ich erinnere mich daran, dass ich als Kind liebend gern Lücken mit meinen Daten gefüllt habe. Nur die Frage nach der Religionszugehörigkeit machte mir ein wenig zu schaffen. Als Kind und Jugendliche schrieb ich immer »mosaisch« an die Stelle, wo die Religionszugehörigkeit eingetragen werden sollte. Ich war nicht in der Lage das Wort »jüdisch« in das leere Kästchen zu schreiben. Es fühlte sich an, als sei ich gebrandmarkt. Am liebsten hätte ich mich beim Schreiben heimlich umgedreht und nachgesehen, ob mich jemand bei meiner Geheimmission beobachtete. Wenn man »mosaisch« im Duden sucht, so findet man das Synonym »israelitisch, ...

Mose betreffend«. Als Kind hatte ich keinen blassen Schimmer von Moses oder vom israelitischen Volk. Wahrscheinlich dachte ich, ich sei lieber mosaisch als jüdisch; das schien weniger vorurteilsbehaftet, weniger negativ. Das klang eher intellektuell oder war vielleicht, und das wäre das Beste gewesen, den meisten völlig unbekannt. Ich lief quasi inkognito durch mein Leben. Mosaisch, nicht jüdisch. So wie ich meinem Sohn, der als kleines Kind von allen Gemüsesorten lediglich Brokkoli aß und alles andere, das grün war, strikt ablehnte, zu allem Grünen erklärte, es sei Brokkoli. Dann störte ihn nicht einmal mehr der Oregano auf der Pizza. Es war ja nun Brokkoli. Wenn man den Dingen also andere Namen gibt, sind sie erträglicher – nicht mehr bedrohlich.

Vor einigen Jahren trauten sich viele Deutsche noch nicht so recht, das Wort »Jude« auszusprechen, ohne Gefahr zu laufen, im Verdacht zu stehen, es möglicherweise mit negativen Hintergedanken zu nutzen, als antisemitisch zu gelten. Und so schwiegen viele. Noch heute trifft man ab und an auf diese Unsicherheit.

Eine junge Studentin, mit der ich mich über die Stigmatisierung von gesellschaftlichen Gruppen unterhielt, sagte ganz unsicher zu mir: »Na ja, man trifft ja nicht so häufig ... Juuuden.« Bei dem Wort *Juden* hob sie beide Arme, machte mit dem Zeige- und Mittelfinger beider Hände Gänsefüßchen in der Luft, bückte ihren gesamten Oberkörper und hauchte das Wort ganz leise. Hatte sie Angst vor der Gestapo?

Bei Lesungen aus meinem Buch »Sag', dass es dir gut geht« habe ich einiges über Menschen erfahren, denen ich in meinem Umfeld sonst wahrscheinlich nicht begegnet wäre.

An Schulen war ich zum Beispiel und habe mit Jugendlichen geredet, die noch nie einem Juden begegnet waren. Das Wort »Jude« als Schimpfwort kannten aber die meisten schon vom Schulhof oder hatten es selbst benutzt. Heutzutage wird das Wort »Jude« auf Schulhöfen benutzt, wie man sich früher ein »Du Arsch« an den Kopf warf. Ein Problembewusstsein gibt es dabei offenbar nicht. Dabei werden mit dem Wort all die hergebrachten Vorurteile von gierigen, bösen, geizigen, reichen und hinterlistigen Juden sehr wohl mitgedacht, auch heute noch. »Des hat was mit Judas zu tun, odä?« »Wieso soll isch net des Wort Jude als Schimpfwort benutze? Des ist net schlimm in unserer Generation. Wir sagen ja auch: Du bist voll schwul.« – Ach so …

In Kassel stellte ich mich siebzig Gesamtschülern als Jüdin vor und bat die Jugendlichen, alles auszusprechen, was sie jemals über Juden gehört hätten. Zunächst zögerten sie, doch dann sprudelten die negativen Zuschreibungen nur so aus ihnen heraus. Alle haben eine große Nase, sind reich, gierig, geizig, beherrschen die Welt, unterdrücken die Palästinenser und haben Jesus getötet. Ich hörte ihnen zu und bat dann darum, alles zu sagen, was sie jemals über Christen gehört haben. Achselzucken, fragende Blicke. Also nichts, aha. »Nö, über Christen haben wir noch nie etwas gehört.« Anschließend legte ich ihnen den Anteil der Religionszugehörigkeiten in der Weltbevölkerung dar: Christen 33 %, Muslime 23 %, Hindus 15 %, Buddhisten 7,1 % und Juden 0,2 %. Nachdem ich den Jugendlichen deutlich gemacht hatte, dass es extrem wenige Juden auf der Welt gebe und die meisten Menschen – genau wie sie selbst – nicht einmal *einen* kennen, und ihnen klar gemacht hatte, wie erstaunlich es angesichts dieser Tatsache sei, dass trotzdem jeder eine Meinung über Juden habe, schauten sie völlig verstört. Nach den drei Stunden, die ich bei den Schülern verbracht habe, schrieben die Jugendlichen ihre Gedanken auf Plakate. »Juden können ja nett sein.« »Juden sind ja doch nicht Scheiße.« »Jetzt weiß ich, warum ich *Jude* nicht mehr als Schimpfwort benutzen werde.« »Wenn es so wenige Juden auf der Welt gibt, wie haben Sie dann Ihren Mann gefunden?« Gute Frage.

Auf abendlichen Lesungen mit Erwachsenen ist es anders. Die Zuhörer kommen freiwillig und aus Interesse. Als wir im Anschluss an eine Lesung in Bad Vilbel über tief sitzende Vorurteile sprachen, wunderte sich eine Frau ganz unschuldig: »Aber es sind doch alle Juden gute erfolgreiche Geschäftsleute?« Was so viel heißt wie: Alle Juden sind doch reich.

Eine Frau in Rödermark fragte ebenso unbedarft: »Warum wird eigentlich ›Jude‹ als Schimpfwort benutzt? – Es ist doch gar keines?« Hm ... Warum fragt sie das ausgerechnet mich?

Bei der nächsten Lesung erzählte eine etwa fünfzigjährige Dame: »Also mir ham in der Schule acht Jahr lang immer nur vom Dritte Weltkriesch (sic!) gelernt. Holocaust hoch und runner. Isch konnts nemmer hörn!« Ich sagte ihr, dass ich mich freue, dass sie trotzdem zu meiner Lesung gekommen sei.

Ein Besucher meiner Lesung in Gelsenkirchen meinte im Gespräch ganz überzeugt, man könne aber auch nicht so verallgemeinern. Man könne nicht sagen »Alle Deutschen!«, genauso wenig, wie man sagen könne, dass alle Polen klauten. Den Satz mit den Polen wiederholte er dreimal!

Nach einer Buchvorstellung in Frankfurt/Main fragte mich ein Gast, ob ich denn auf einer Liste aller Juden bei der Stadt Frankfurt oder dem Land verzeichnet sei. »Es ist mir neu, dass es ein solches Verzeichnis gibt«, antwortete ich freundlich, »aber vielleicht sollte ich mich mal lieber danach erkundigen.« Ich dankte für den Hinweis. Die Ironie in meiner Stimme war wohl unüberhörbar, denn seine Frau kam ihm dann im Gespräch zur Hilfe: »Nein, nein! Mein Mann wollte nur wissen, ob sie denn auch Steuern zahlen?«

Ein Herr in Düsseldorf fragte mich, was er denn mit seiner Befangenheit tun solle, die er verspüre, wenn er jüdischen Menschen (er umging das Wort *Jude* wohl bewusst) begegne. Die Frage empfand ich als anmaßend, schließlich ist die Aufarbeitung der Geschichte in den Folgegenerationen der Täterseite nicht meine Aufgabe. Genauso wenig, wie Antisemitismus ein Problem ist, das Juden bearbeiten sollten.

Nach einer Lesung in Stuttgart kam eine ältere Frau zu mir, um ein Buch signieren zu lassen, und meinte: »Also mein Enkelsohn hat ein jüdisches Mädchen bei sich in der Klasse. Jetzt werde ich ihn mal fragen, wie das so ist mit ihr. Und ich sage ihm, dass er ganz besonders nett zu ihr sein soll.« Sie schaute mich sehr betreten an, als sei sie in einem Hospiz am Bett einer Sterbenden. Ich entgegnete nur: »Wieso ›Sonderbehandlung‹? Das Mädchen ist vielleicht gar nicht nett. Möglicherweise mag Ihr Enkel sie nicht. Warum sollte er da besonders nett zu ihr sein?« Die Dame spitzte die Lippen, schluckte und nickte.

Bei all den Lesungen habe ich festgestellt, dass die meisten Menschen wenig bis nichts über Juden wissen. Das Einzige, was sie mit Juden verbinden, ist der

Holocaust, und das bedeutet für viele, sich mit Schuld der eigenen Familie und damit eigener Befangenheit auseinanderzusetzen. Nicht sehr angenehm.

In den vergangenen Jahrzehnten habe ich immer wieder von tapferen Holocaust-Überlebenden gehört, die in Schulen gehen, um gegen das Vergessen, gegen die Wiederholung der Geschichte von ihren eigenen schmerzhaften Erfahrungen zu berichten, die sich ihrer Geschichte, ihrem Schmerz, ihrem Verlust und verstörenden Fragen stellen. Ich bewundere ihren Mut, ihren Kampf und besonders den Glauben an das Gute. Wo aber sind die Menschen, die während des Nationalsozialismus auf der anderen Seite gestanden haben? Wo waren die Omas und Opas, die in Schulen gehen und sagen: »Liebe Kinder, wir haben früher viele Fehler gemacht. Wir haben geschwiegen.« »Wir haben zugeschaut, wie der Nachbar abgeholt wurde, und die Fensterläden geschlossen.« »Kinder, macht die Augen auf! Wir sind alle Menschen, und wir dürfen niemals wieder die Augen verschließen.« Wo ist der Opa, der sagt: »Ich habe mein Leben lang Alpträume gehabt, weil ich mich schäme, nichts getan zu haben.« Die Oma, die erzählt: »Vor meinen Kindern habe ich die Nazizeit immer verschwiegen, weil ich keine Erklärung für unsere Feigheit habe.« In der Verarbeitung unserer Geschichte fehlt der Mut zur Mitschuld.

DER ANRUF
DES MOSSAD

Wenige Tage, nachdem mein Buch »Sag', dass es dir gut geht« erschienen war, klingelte zu Hause mein Festnetz-Telefon. Allein das ist schon etwas irritierend. Fast niemand ruft mich auf dem Festnetz an. Ich nahm den Anruf entgegen und war davon überzeugt, dass es entweder eine Umfrage oder ein Werbeanruf sein und ich direkt wieder auflegen würde.

Doch da hörte ich eine strenge, alte Frauenstimme: »Barbara?« »Äh, Ja?« »Hallo, hier ist Rita. Rita Berkowski!« Mir zog sich der Magen zusammen – Rita Berkowski. Eine sehr angesehene, kluge, spitzzüngige und äußerst gefürchtete alte Dame der jüdischen Gemeinde Frankfurt. Eine gepflegte, aufrechte Frau, die kein Blatt vor den Mund nimmt, streng guckt und nicht grüßt, wenn ihr nicht danach ist. Meine Knie wurden weich. Rita Berkowski hatte nie mehr als »Guten Tag« zu mir gesagt und das auch nur, weil ich mit dem Sohn ihrer Freundin verheiratet gewesen bin. Verwundert begrüßte ich sie: »Rita, hallo. Wie geht es dir?« Aufgeregt machte ich einige Schritte, wie ich es immer bei wichtigen Telefonaten tue. Ritas Stimme war kühl und sehr autoritär, meine Frage ignorierte sie. Sie hatte es eilig: »Barbara, ich wollte dir nur sagen, dass ich dein Buch gelesen habe.« Mein Herz raste. Die Veröffentlichung meines Buches war eine aufreibende Sache für mich – insbesondere was die Gemeindereaktionen betraf. Viele vermuteten eine Abrechnung mit Familie oder Gemeindemitgliedern oder gar mit meiner Ehe und dem dazugehörigen Exmann samt Schwiegermutter oder Ähnliches. Möglicherweise kauften einige mein Buch nicht nur aus Interesse, sondern auch aus Voyeurismus – in der Hoffnung, spannende Interna der Familie zu erfahren.

Ich erwartete bei Ritas Anruf also nichts Gutes. Sie sprach sehr schnell und abgehackt: »Barbara, ich habe dein Buch in einem durchgelesen und wollte dir nur sagen, dass es mir gefallen hat.« Innerlich schrie ich auf: »Waaaaaas?« Rita ist für mich, allein schon weil sie eine Holocaust-Überlebende ist, eine Respektsperson. Und sie ist ein Original der schroffen Variante. Ich atmete tief ein und wieder aus, schüttelte den Kopf mitsamt Telefonhörer und zog die Augenbrauen ungläubig zusammen. »Wow, ich danke dir, Rita! Sehr lieb von ...« Sie unterbrach mich in ihrer harschen Art: »Alles, was du geschrieben hast, konnte ich nachvollziehen und verstehen. Es hat mir gefallen. Es war nämlich genau so, wie du schreibst.« Ich war baff. »Rita, das ist wirklich unglaublich nett ...«, und wieder fiel sie mir ins Wort: »Also, das wollte ich dir nur sagen. Aber ich habe dich nie angerufen! Du sagst niemandem, dass ich dich angerufen oder was ich dir gesagt habe! Das sagst du niemandem, ist das klar?« »In Ordnung, ich sage es nieman ...« »Ok, tschüss.« Tutututut. Und weg war sie.

Verwirrt starrte ich das Telefon an. Mir war, als sei ich gerade vom Geheimdienst in streng vertrauliche Informationen eingeweiht worden – diese Angelegenheit machte mich zu einer Art Mata Hari. TOP SECRET! Rita Berkowski und ihr Anruf ließen mich sprachlos zurück. Es dauerte einige Minuten, bis ich die Anspannung und Ehrfurcht von mir abschütteln und darüber lachen konnte.

Viele Shoa-Überlebende hatten und haben die eine oder andere eigenwillige Eigenart. Und genau wie bei allen anderen Menschen werden solche Besonderheiten im Alter immer ausgeprägter. Oft ist es eine besondere Art von Chuzpe, von schlauer Dreistigkeit, die sich diese Menschen mit derart traumatischen Erlebnissen und verwundeten Seelen herausnehmen. Schließlich haben sie alles verloren. Wenn sie also jetzt etwas für sich einfordern, haben sie nichts mehr zu verlieren. Und so begegnen sie ihren Mitmenschen oft schroff, wirken hochmütig verschlossen und scheinen keine Hemmungen zu haben, sich zu nehmen, was sie wollen.

Andere Holocaust-Überlebende dagegen sind extrem zurückhaltend, überfreundlich und scheu. Sie wirken, als würden sie noch heute fürchten, aufzufallen und als hätten sie kein Recht, etwas für sich in Anspruch zu nehmen. Wie meine Oma Helenka, bei der man immer das Gefühl hatte, dass sie sich am liebsten ständig für alles entschuldigen wollte.

Aber ob scheu oder forsch, die meisten dieser Zeitzeugen haben seit ihrer Zeit in den Lagern mindestens einen Spleen: eine völlig übertriebene Körperhygiene oder einen pedantischen Ordnungswahn; sie haben panische Angst vor Hunden oder horten altes Brot und sind in steter Sorge um genügend Reserven jeglicher Lebensmittel. Wieder andere haben neurotische Ängste um die Kinder, wehren jede Art von Befehlston resolut ab. Manche verabscheuen deutsche Nationalsymbole wie die Flagge oder die Hymne und manchmal auch die deutsche Sprache selbst. Ein enger

Freund meiner Oma, Rudolf Blum, der vor dem Krieg deutschsprachig in Prag aufgewachsen war und nichts so sehr liebte wie deutsche Lyrik – einst konnte er Balladen und Gedichte rezitieren wie kein anderer –, brachte nach dem Krieg keinen einzigen deutschen Vers mehr über die Lippen.

Diese Ambivalenz gegenüber Deutschem zeigte sich auch in einer der beliebtesten Nebensachen der Welt: dem Fußball. Einige der jüdischen Männer, die nach dem Krieg nach Frankfurt kamen, wurden zu glühenden Fans der Eintracht. Sie hatten Dauerkarten für das Stadion und fieberten bei jedem Spiel leidenschaftlich für ihre Frankfurter Helden mit, aber nur, wenn die Eintracht gegen eine andere deutsche Mannschaft spielte. Wenn die Eintracht gegen eine Mannschaft aus dem Ausland antrat, dann und nur dann hatte gefälligst die zu gewinnen. Denn das war ein Spiel gegen die Deutschen – und die durften auf keinen Fall gewinnen.

Auch die späteren Generationen haben noch Schwierigkeiten mit Nationalstolz und den dazugehörigen Gepflogenheiten. Während eines großen Kongresses der Jüdischen Studentenvereinigungen Europas sollten vor einigen Jahren alle Studenten der jeweiligen Landesgruppe beim Abendprogramm ihre Nationalhymnen singen. Aus Unbehagen entschlossen sich die deutschen Studenten, anstatt »Das Lied der Deutschen« lieber Drafi Deutschers »Marmor Stein und Eisen bricht« vorzutragen. Und damit hatten sie an dem Abend großen Erfolg.

Die Alten, die sich seit dem Krieg nichts mehr nehmen lassen, sind in ihrer Art immer besonders beeindruckend. Ein Freund von mir reiste als 14-Jähriger mit seiner Familie nach New York. Seit er den Film »Wall Street« gesehen hatte, war er fasziniert und fast besessen von der Börse. Nichts interessierte ihn in New York so sehr wie das große Handelsparkett. Seine Oma, entschlossen, dem geliebten Enkel jeden Wunsch zu erfüllen, packte ihn am Arm und ging mit ihm zur Wallstreet. Um 13:35 Uhr standen die beiden am Eingang des Besucherzentrums der Börse. Vor der Tür zwei riesige, muskelbepackte schwarze Türsteher. Jaci und seine Oma hatten damals etwa die gleiche Größe von knapp Einmeterfünfzig. Die polnisch-stämmige alte Ruchel blickte arrogant an den beiden Riesen hoch und rief ihnen mit ihrer krächzenden Stimme drei englische Worte zu: »Wi go in!« Die beiden Männer erklärten, die Börse sei täglich nur bis 13:30 Uhr für Besucher geöffnet und daher für Heute geschlossen. Doch das interessierte Ruchel nicht im Geringsten. Jaci ahnte schon, was kommen würde, und drehte sich zu seiner Oma, doch sie winkte nur mit einer resoluten Handbewegung ab. Es folgte ein Schwall aus Jiddischen, Deutschen und Englischen Wortfetzen, den nur Jaci verstand. Die Türsteher starrten die kleine Dame wie versteinert an. Sie erklärte, sie habe diese lange und beschwerliche Reise ins große Amerika nur angetreten, damit sie und ihr Enkel ihren Sohn am Arbeitsplatz an der Börse besuchen könnten. Sie sei aus einem kleinen Schtetl in Polen und dieses große Amerika und diese vielen Menschen machten sie völlig meschigge und abgesehen davon sei es auf ihrer Uhr auch noch gar nicht 13:30 Uhr. Und wenn die Männer ein Herz und eine Seele hätten, dann wären sie nicht so stur, denn morgen reisten sie bereits wieder ab, ins alte Europa, wo die Menschen noch Benehmen hätten und wenigstens »Guten Tag« sagten. Ob die Herren ihre eigenen Omas auch abweisen würden, fragte sie und ob sie sich überhaupt vorstellen könnten, wie ihr nach dem langen Weg über die Wallstreet die Füße schmerzten. Als sie ihren Vortrag beendet hatte, stampfte sie mit ihrem kleinen Schuh auf den Boden.

Die Türsteher schauten sich unsicher an, zuckten mit den Schultern und ließen Ruchel und Jaci ausnahmsweise eintreten. Ruchel stupste Jaci in die Seite und sagte: »Nu? Wus hobb ich dir gesuggt? Ich werd dir zeigen die Wallstreet!«

DAS FEST
DER LIEBE

Gibt es eigentlich ein schöneres Fest als Weihnachten? Meine Kinder und ich sind fest davon überzeugt, dass es ganz sicher keinen schöneren Feiertag gibt. Schon Wochen vorher werden in den Fenstern der Häuser Lichter entzündet, Vorgärten geschmückt, in den Innenstädten die Fußgängerpassagen dekoriert, im Radio laufen herrliche Schnulzen zum Mitsingen, es duftet nach heißen Maronen, Zuckerwatte, Glühwein und Kartoffelpuffer. Dass die meisten Menschen unglaublich gestresst sind, weil sie sich Gedanken machen, Geschenke besorgen und auf Firmenfeiern müssen, ist für uns völlig nebensächlich. Und was soll dieses ganze Gerede um Querelen, bloß weil die Familie einmal im Jahr zusammenkommt? Hallo? Wir Juden haben das an *Rosch ha Schana* (Neujahr), *Jom Kippur* (Versöhnungsfest) und *Pessach* (Auszug aus Ägypten). Also mindestens dreimal im Jahr. Viele außerdem noch an *Sukkot* (Laubhüttenfest), *Simchat Thora* (Thora-Freuden-Fest), *Chanukka* (Wiedereinweihung des Tempels) und *Purim* (Rettung vor dem persischen König) oder aber einfach jeden einzelnen Freitag zu *Schabbat*. Was ist dagegen schon ein einziges Mal im Jahr? Die Christen haben ja keine Ahnung. Bei uns werden all die Familienneurosen ununterbrochen ausgelebt und falls nicht, dann setzt es schlechtes Gewissen. Wir übermächtigen jüdischen Mütter haben das mit der Schuld nämlich schon mit der eigenen Muttermilch aufgesogen und können uns dessen einfach nicht entledigen. Das Wichtigste ist uns, dass es allen Familienmitgliedern gut geht, aber nur dann, wenn wir dabei auch eine tragende Rolle spielen. Nicht umsonst hat meine Mutter bei meiner Zeugnisverleihung laut verkündet: »Wir haben das Abitur geschafft!« Solange wir Mütter gebraucht werden und Teil des Lebens unserer Kinder sein dürfen, das wir schließlich geschenkt haben, erfüllt es uns mit Stolz und geht es uns gut. Wird uns das allerdings entzogen, sind die Kinder, Männer, Geschwister etc. Schuld an unserem Leid.

Aber zurück zu Weihnachten: Was für ein herrliches Fest! Man feiert die Geburt eines Babys. Gibt es etwas Schöneres? Und außerdem ist diese Geburt ein unglaubliches Wunder! In einer Scheune, in Armut und völliger Unwissenheit – schließlich ist die Empfängnis unbefleckt gewesen. Und dann kommen auch noch drei Könige, um zu gratulieren und zu staunen. Herrlich! Wir Juden feiern hingegen die Befreiung aus ägyptischer Sklaverei, den Beginn der ehrfurchtsvollen Tage, die in den Tag des Gedenkens an die Toten münden, die Erinnerung an die Zerstörung des Tempels oder die Rettung vor der Vernichtung durch die Perser. Unsere Feiertage lassen sich also mit folgendem Witz zusammenfassen: »Sie wollten uns töten. Wir haben es überlebt! Lasst uns essen!« Die wundersame Geburt eines jüdischen Babys zu feiern ist schon irgendwie cooler.

Meine Tochter hört das ganze Jahr über »Last Christmas«, »All I want for Christmas is you«, »Mary did you know«, »Driving home for Christmas«, »Santa Clause is coming to town«, »Jingle Bell Rock« und so weiter. Celine Dion, Michael Buble, Mariah Carey,

Frank Sinatra und, und, und. Als wir in einem Israelurlaub auf der Strandliege in der Sonne lagen und ich aus ihren Kopfhörern wieder den Ohrwurm von »Wham« hörte, sagte ich nur: »Lyel, du hast echt einen an der Waffel.« Wenn ich mit meinen Kindern auf der Couch sitze und wir überlegen, welchen Film wir uns auf Netflix anschauen, ruft Lyel immer als Erste: »Einen Weihnachtsfilm! Bitte!« Egal zu welcher Jahreszeit wohlgemerkt.

Traditionell gehen wir mittlerweile jedes Jahr vor Weihnachten zu Lotte, Paolo und deren Kindern, dürfen den Weihnachtsbaum mitschmücken und beschenken uns alle gegenseitig. Wenn es zeitlich zusammenfällt, zünden wir auch Chanukkalichter. Dann essen wir Raclette, haben es wunderbar gemütlich und machen Familienbilder vor dem Weihnachtsbaum. Ein richtiges Weihnukka-Fest! Ja, wir lieben Weihnachten!

Vor ein paar Jahren wurde eine Kaufhof-Filiale in einem Einkaufszentrum geschlossen und vorübergehend ein großer Weihnachtsdekorations-Verkauf in den leeren Räumlichkeiten eingerichtet. Es leuchtete, blinkte und glitzerte. Ich konnte nicht widerstehen und kaufte ein kleines Plastikbäumchen für den Küchentisch, Glitzersterne in Silber und Rosé-Gold, passende Wanddekorationen, Vögelchen mit Federn zum Anstecken an den Baum und vor allem zwei Lichterketten. Eine für die Küche und eine für den Garten. Ich liebe diese winterlich weihnachtliche Atmosphäre im Haus. Pro forma klebe ich dann noch einige selbstgebastelte Kindergartenüberbleibsel meiner Kinder an die Fenster: Öl-Krüge, Dreidel (Kreisel – ein traditionelles Channukka-Spielzeug), eine Chanukkiah ... Leider ein erbärmlicher Anblick gegen die Möglichkeiten, die Weihnachten dekorationstechnisch bietet. Und das alles wegen der Geburt eines jüdischen Kindes. Vielleicht können Christen einfach besser die positiven Dinge der Geschichte sehen und kreativ feiern. Wir Juden dagegen sind offenbar ziemlich gut darin, immer wieder der Ausrottung zu entkommen und dann das eigene Überleben zu feiern. Jesus aber ist gestorben, also feiern wir DEN nicht. Allerdings ist er auch wiederauferstanden, was das Ganze dann doch wieder besonders und wundersam macht. Warum deshalb aber ausgerechnet Hasen Schokoladeneier im Garten verstecken, ist mir immer noch nicht ganz schlüssig. Sei's drum. Auch Osterdekoration ist fantastisch! Und an dieser Stelle muss ich erwähnen, dass die Tradition tschechischer Osterei-Malerei unübertroffen ist – jedes Ei ist ein Kunstwerk. Ach, was bin ich hin und hergerissen ...

Aber fest entschlossen, mir nichts nehmen zu lassen. Ich – Jüdin – liebe – alle Feste der Liebe.

HOKUSPOKUS – DREIMAL SCHWARZER KATER

Ich habe immer einen Hang zu Dingen gehabt, die vermeintlich mit höheren Kräften zusammenhängen: Astrologie, Hellseherei oder Hypnose – wer hilft, hat recht, und wer etwas Interessantes über mich sagen kann, sowieso. Ich habe mich von Freunden zu diversen Heilern schicken lassen, die mir beispielsweise Farbkarten auf die Stirn legten, um meinen schlechten Schlaf zu verbessern, oder mir von meinen angeblichen früheren Leben berichteten, um Konflikte im Hier und Jetzt zu bereinigen. Wenn mir jemand glaubhaft machen konnte, dass seine oder ihre Kräfte oder die Verbindung mit nicht greifbaren Energien mir helfen könnten, habe ich mich sehr gerne darauf eingelassen und Geld für skurrilen Humbug bezahlt. Eine Kinesiologin bekam mehrfach von mir 80 Euro dafür, dass ich, auf ihrer Couch mit Farbkarten auf der Stirn jeweils anderthalb Stunden lang friedlich geschlafen habe.

Glaube ist so mächtig. Das Schönste daran: die einfachen Antworten auf komplizierte Fragen. Sie machen das Leben so viel leichter. Das erklärt wohl auch den Hang so vieler Menschen zu Verschwörungserzählungen. Habe ich den etwa auch? Natürlich nicht! Schließlich bin ich Jüdin und damit Teil der meisten Verschwörungsmythen. Und ich habe ganz sicher noch nie einen Brunnen vergiftet. Ehrenwort! Das mit den Farbkarten ist eine ganz andere Geschichte.

Ich bin mit Aberglauben groß geworden. Insbesondere meine Mutter hielt sich schon immer gerne an alte, irrationale Weisheiten, die meine Wahrnehmung in der Jugend mitgeprägt haben. Meine Mama glaubt leidenschaftlich an wundersame Zusammenhänge völlig absurder Dinge. Dazu gehören die gängigen Mystizismen wie: die schwarze Katze, die nicht von links nach rechts über meinen Weg laufen darf, weil mir sonst Schlechtes widerfährt, der Schornsteinfeger, dessen Anblick mir einen Wunsch erfüllt, wenn ich beim Wünschen rasch nach einem Knopf greife oder der zerbrochene Spiegel, der mir sieben Jahre Unglück beschert. Aber auch der »falsche« Fuß, mit dem ich auf keinen Fall aufstehen, und Salz, das ich nicht verstreuen darf, Scherben, die Glück bringen, die Tischecke, an der ich nicht sitzen durfte, weil mir das eine »böse Schwiegermutter« einbringen konnte, Schuhe, die ich nicht verschenken darf, weil der oder die Beschenkte mich mit ihnen verlassen würde, Spinnen, die, wenn sie im Haus sind, Wohlstand verheißen und vieles mehr.

Jetzt, da ich es schreibe, erscheint mir das alles absurd und lässt meine Mutter wahrscheinlich wie eine Okkultistin wirken, die nachts Zaubertränke kocht, um Böses von uns abzuwenden ... oder vielleicht auch ganz andere Dinge? Möglicherweise liest das jetzt ein Fanatiker, beispielsweise der QAnon-Bewegung, und sieht sich dabei endlich in seiner Verschwörungsfantasie bestätigt: »Die Juuuden! Da haben wir es schwarz auf weiß! Die Elite, die Kinder entführt, sie geheimen Versuchen unterzieht und dann die Weltherrschaft an sich reißt.« Verdammt, meine Mutter ist in ihren okkulten Machenschaften entlarvt. Sie behauptete nämlich immer: »Jedes Kind, das bei uns eine Zeit lang einziehen würde, wäre mit Sicherheit in kürzester Zeit wohlgenährt.« Und damit hatte sie wahrscheinlich recht. Schließlich kannte ich es nur in jüdischen Familien, dass die Kühlschränke kaum noch zugingen, weil sie so vollgestopft waren. Vielleicht hatten die Gebrüder Grimm ja eine jüdische Mutter im Sinn, als sie vom Knusperhäuschen und der Hexe schrieben, die den kleinen Hänsel mästet.

Jedenfalls ist Aberglaube Bestandteil unseres Alltags gewesen und daher ist es auch nicht verwunderlich, dass ich mir schon als Kind eigene, kleine Wunderglauben erdachte. So legte ich mir beispielsweise immer mein Schulheft samt meiner Lernzettel vor einer anstehenden Klassenarbeit unter das Kopfkissen, in der Hoffnung, der Stoff würde über Nacht in mein Hirn strömen. Außerdem fantasierte ich mir Gewissheiten, dass etwas nur dann einträfe, wenn dies oder jenes vorher passierte. Dessen war ich mir dann absolut sicher. So ist einmal eine rote Ampel schuld daran gewesen, dass mich ein Junge, der mir gefiel, nie angesprochen hat, – schließlich wollte die Ampel einfach nicht bei zehn grün werden. Dann waren da auch noch die Ritzen zwischen Pflastersteinen auf dem Bürgersteig, auf die ich als Kind auf keinen Fall treten durfte, weil ich sonst im Kindergarten wieder nur Pfefferminztee abbekäme und nicht den leckereren Hagebuttentee, der nur limitiert ausgeschenkt wurde. Ein Therapeut würde das womöglich zwanghaft nennen, aber eigentlich sind es nur kleine Stützen. Verrückte Vorstellungen, die vielleicht jeder Mensch im Leben braucht, um sich an etwas festzuhalten und kleine Gewissheiten zu haben. Mein Sohn hat sich irgendwann bei einem Mitschüler abgeguckt, auf die obere rechte Ecke seiner Arbeitsblätter zwei hebräische Buchstaben zu schreiben, bevor er seinen Lehrern eine Arbeit abgibt. Als ich eine ziemlich schlechte Arbeit von ihm unterschreiben sollte, fiel mir das auf und er erklärte es mir so: »Mama, das bringt Glück. Das bedeutet so viel wie: ›Gelobt sei der Ewige/mit Gottes Hilfe‹.« Ich schaute ihn nur skeptisch an: »Von Mathe versteht der aber wohl nicht so viel?«

Aberglaube ist entweder mit Hoffnungen oder mit Ängsten verbunden. Und obendrein enthebt er uns ein Stück weit der Verantwortung. Schließlich ist es unglaublich leicht, belanglosen Geschehnissen die Macht über Schicksalhaftes im eigenen Leben zu geben. Auf einer Heimfahrt mit dem Auto war mir, nur wenige Meter vor Ankunft, eine schwarze Katze über den Weg gelaufen. Ich bremste scharf und versuchte, mich darauf zu besinnen, welche die gefährliche Richtung war, die die Katze genommen haben müsste, um mir Unglück zu bringen. War es von rechts nach links, oder von links nach rechts? Verdammt, was hatte meine Mutter immer gesagt? Es wollte mir einfach nicht einfallen. Doch dann kam es sowieso anders: Plötzlich sprang die Katze wieder aus dem Gebüsch, unterbrach meine hochkomplizierte Entscheidungsfindung und lief in umgekehrter Richtung über die Straße zurück. Und als wäre das noch nicht genug gewesen, trug sie obendrein auf ihrem Rückweg eine Maus zwischen ihren Zähnen. Während meiner schwierigen Abwägungen hatte sich die Katze ihre lebendige Beute geschnappt und sie dann stolz vor mir her getragen. Eine schwarze Katze, von links nach rechts, dann von rechts nach links – und das mit einer Leiche im Maul! Das war zu viel! Diesen

Weg konnte ich auf keinen Fall überqueren. Wer weiß, was das Schicksal dann für mich bereithielte. Ich legte den Rückwärtsgang ein und fuhr die gesamte Einbahnstraße zurück, um eine andere Strecke nach Hause zu nehmen. Ich hatte das Böse abgewendet.

Unter einigen meiner jüdischen Freundinnen und Freunde ist es üblich, nichts überschwänglich Positives über Berufliches oder das eigene Kind auszusprechen. Spräche man Gutes aus, brächte es, Gott behüte, womöglich Unheil und das Positive kehrte sich in Schlechtes um. Daher bezeichnet Ronit, eine Freundin von mir, die vier Kinder hat, diese niemals als süß oder entzückend – höchstens würde sie vielleicht sagen: »Meine Kinder sind sehr lustig.« Zu mehr Überschwänglichkeit kann sie sich einfach nicht durchringen. Und wenn jemand doch einmal etwas Positives über die Kinder sagt, so wirft man lieber schnell hinterher: »bli ajn hara« (kein böses Auge)! Dieser Zusatz soll vor Unheil bewahren – kein böses, neidvolles Auge möge die Kinder treffen. Gott bewahre!

Als meine Kinder noch klein waren, traute ich mich auch nie auszusprechen, dass sie ausnahmsweise einmal gut geschlafen hatten. Ich wollte es nicht verschreien und dann schuld daran sein, dass die kommende Nacht womöglich wieder furchtbar sein und die Kinder ständig aufwachen würden. Das Verschweigen von besonders Gutem wirkt wie eine schützende Hand über den Dingen. Es ist unsere kleine Macht gegen das »böse Auge – ajn hara«. Wenn wir Juden etwas Positives über das eigene Leben, die Gesundheit oder über Geschäftliches sagen, so schauen viele von uns gen Himmel und recken beide Hände schuldbewusst schwenkend nach oben in der Hoffnung, der Allmächtige möge diese unverfrorene Eitelkeit verzeihen. Oder aber wir spucken imaginär dreimal auf den Boden: »Tü, Tü, Tü!« Das wäre allerdings auch mit dem gängigen »auf Holz klopfen« ersetzbar – beziehungsweise, wie wir Juden es selbstironisch gerne machen: uns auf den eigenen Kopf klopfen.

Ab und an tun wir Menschen aber auch etwas aus Aberglauben, in der Hoffnung, bei einer höheren Macht Punkte sammeln zu können, oder um uns für Gutes zu revanchieren, um später feststellen zu müssen, dass die Kosten-Nutzen-Rechnung sich nicht immer auszahlt. So wurden eines Nachts gute Freunde leicht angeheitert nach einem feucht-fröhlichen Abend auf ihrem Heimweg von der Polizei angehalten. Rafi am Steuer erklärte sich der Polizei auf charmante Art und Weise und nutzte kleine Flunkereien. Seine Frau Rosa und die beiden auf der Rücksitzbank lächelten unschuldig, mit geneigten Köpfen, den Ordnungshütern zu. Diese kniffen die Augen fest zusammen und winkten Rafis Wagen weiter. Kein Alkoholtest, keine Punkte, keine Strafe. Rafi, Rosa und die Freunde schlossen die Fenster, fuhren los und begannen, vor Freude zu schreien, zu lachen und zu singen.

Just in diesem Moment fuhren sie an einer Gruppe junger Männer in dunklen Anzügen mit Hüten vorbei: orthodoxen Juden. Auch sie waren fröhlich und sangen ausgelassen. Einer erkannte Rafi am Steuer und rief ihm zu: »Hey, Rafi, wir gehen in die Mikwe (rituelles Reinigungsbad). Kommt doch mit!« Rafi drehte sich zu seinem Kumpel auf der Rücksitzbank um: »Micky, das ist ein Zeichen! Verstehst du? Erst haben wir so unglaublichen Mazel und jetzt laufen uns die frommen Jungs über den Weg. Kapisch? Das ist doch ein Wink. Lass uns mitgehen!« »Ahh was, a Zeichen? Was redest du? Ich bin müde, lass uns heimfahren. Ich sag' auch Danke vorm Einschlafen. Versprochen!« »Nein, Micky, du verstehst nicht. Wir müssen mitgehen. Das ist ein Zeichen von Gott. Er hat uns etwas geschenkt und jetzt müssen wir etwas zurückgeben. Außerdem wird das sicher lustig. Guck, wie gut die alle drauf sind.« Die orthodoxen, bärtigen Männer lachten, sangen und tanzten auf dem Bürgersteig. »Na gut.« Rafi und Micky stiegen aus und die Frauen fuhren weiter.

Im Synagogengebäude angekommen, folgten sie den vierzehn Frommen in die dunkle Umkleide vor dem Reinigungsbad. Die Männer begannen, sich auszuziehen, sangen dabei und tranken alle aus einer Wodkaflasche, die herumgereicht wurde. Alles war unglaublich beengt – keine Bewegung möglich, ohne die nackte Haut eines fremden Körpers zu berühren. Rafi sah Micky verzweifelt an, als die Wodkaflasche bei den beiden ankam. Micky schmunzelte, denn er wusste um Rafis Hygiene-Besessenheit. Er kannte niemanden, der so etepetete war wie Rafi. Einen Schluck aus einer Flasche zu nehmen, die bereits an so vielen fremden Mündern gewesen war, bedeutete für Rafi eine enorme Überwindung. Aber es war ja für die gute Sache. Rafi schaute gen Himmel, atmete tief ein, setzte die Flasche an und nahm einen großen Schluck. Die nackten Männer riefen freudig: »Jasche Kojach!« (Bravo/möge es dir zur Stärke sein). Überall lagen fremde Kleidungsstücke herum. Rafi bemühte sich mit aller Kraft, keines davon zu berühren und dabei auch gegen keinen nackten Körper zu stoßen. Erfolglos. Sechzehn Männer stiegen, Gebete murmelnd, einer nach dem anderen in das zwei mal zwei Meter kleine rituelle Becken, tauchten unter, und stiegen mit triefenden Bärten wieder heraus. Rafi beobachtete sie mit halb zusammengekniffenen Augen und versuchte, seinen Widerwillen zu unterdrücken. Bei dem Gedanken, dass er auch gleich ins Becken steigen musste, lief ihm ein Schauer über den Rücken. Micky lachte, tauchte ins Wasser, kam heraus und klopfte Rafi bedeutungsvoll auf die Schulter: »Ein Zeichen, Rafi. Ein Zeichen.« Rafi brachte den Ritus schnell hinter sich. Er freute sich auf seine Kleidung und eine warme Dusche zu Hause.

Nass ging er zu dem Platz, wo er seine Sachen ausgezogen hatte, und schlüpfte rasch in seine Klamotten. Alles fühlte sich irgendwie unangenehm an. Er schüttelte den Kopf, als wollte er seine aufkeimenden Gedanken von Bakterien und fremden Körperflüssigkeiten verjagen. Erst als er sie anhatte, bemerkte er, dass die Socken pitschnass waren. Rafi verzog angewidert den Mund. Egal, schnell zu den Schuhen und nichts wie weg hier. Er nahm einen seiner Schuhe in beide Hände um hineinzuschlüpfen, doch es wollte ihm nicht gelingen. Irgendetwas steckte darin. Da dämmerte es ihm und sein Kopf begann zu glühen. Seine Socken waren in den Schuhen. In weiser Voraussicht hatte er sie beim Ausziehen direkt hineingesteckt, um ja nicht Gefahr einer Verwechslung zu laufen. Verwechslung? Ein Würgereiz drückte ihm auf die Kehle. Wessen nasse Socken hatte er da an? Er riss sie sich von den Füßen und atmete schnappartig. Rafi schlüpfte barfuß in seine Schuhe, rief »Shalom und leila tov!« (Tschüss und gute Nacht), griff nach Mickys

Arm und zog ihn aus dem Synagogengebäude. Draußen schüttelte sich Rafi wie ein nasser Pudel und rief angewidert: »Bäääähhhh!« Micky kriegte sich vor Lachen kaum ein: »Ein Zeichen! Rafi, ein Zeichen! Und das dir!« Rafi lachte mit, schaute in den Himmel und rief laut: »Oj Gewalt, hätte ich das gewusst, ich hätte lieber einen Alkoholtest gemacht!«

JÜDISCHE MAME

Ich bin mit Leib und Seele Mutter. Es gibt kaum etwas, das gleichzeitig so wunderschön und grauenvoll furchteinflößend sein kann wie das Muttersein. Ein eigenes Kind weckt sowohl die schönsten, als auch niederträchtigsten Gefühle in einem. So könnte ich locker innerhalb eines Tages mehrfach vor Glück zerspringen oder eben auch vor Wut und teilweise Hass platzen. Kinder schenken Lebensinhalt, Stolz, Jugend und Verantwortung, sie rauben aber Freiheit, Sorglosigkeit und den letzten Nerv. Ich verzweifele, bin ratlos, besorgt und gleichzeitig erfüllt von einer Liebe, die kaum auszuhalten ist.

Mit 28 bin ich zum ersten Mal Mutter geworden, als ich 29 Jahre alt war, sind bereits das zweite Kind und vier Jahre später eine kleine dritte Überraschung gekommen. Doch was bedarf es, eine gute Mutter zu sein? Erstaunlich, wie viele Dinge sich ganz von selbst einstellen und was ich plötzlich intuitiv so alles wusste, oder meinte zu wissen. Und schrecklich, wie unglaublich viele neue Unsicherheiten sich plötzlich auftaten.

Ich wollte alles richtig machen und hatte insgeheim den Wunsch, dass für alle Außenstehenden an meinen Kindern sichtbar wird, wie gut ich meinen Job als Mutter meisterte. Der Druck, eine hervorragende Mutter zu sein, mit besonders begabten, schier phänomenal entwickelten, immer ordentlich gekleideten, sich gut benehmenden Kindern scheint mir in der jüdischen

Gemeinde besonders groß. Vielleicht liegt es daran, dass schon der Ausdruck der »Jüdische Mame« quasi die Versinnbildlichung einer Helikopter- und Übermutter ist. Eine klassische »jüdische Mame« kriegt immer alles geregelt, ist eine begnadete Köchin, hat kein Problem damit, 30 Gäste am Feiertag zu bewirten, während sie ein Kind füttert, ein zweites wiegt, einem dritten den Mund abwischt und dabei ihren Mann tadelt, den Gästen nicht bereits nachgeschenkt zu haben. Gibt es so eine Mutter tatsächlich? Oder ist sie ein mündlich überlieferter Irrsinn träumender Männer oder böser Schwiegermütter? Diese jüdische »Superwoman« führt den Haushalt, manchmal die Finanzen, sieht immer gepflegt aus, kümmert sich um Arztbesuche, Lehrergespräche, die Großeltern, Ängste und Sorgen, sorgt für Nachmittagsaktivitäten der Kinder ... aber vor allen Dingen auch: für ein schlechtes Gewissen! Die jüdische Mame ist eben doch nicht nur eine Doris Day, die freitags Kerzen anzündet, ihre Kinder über die Maßen liebt und verwöhnt, sondern auch eine Meisterin der emotionalen Erpressung. Eine Sharon Stone in »Basic Instinct«, die über subtile Psychotricks verfügt und sich ihr Umfeld gefügig macht. Wenn ihr Kind leidet, leidet die jüdische Mutter garantiert noch mehr. Wenn ihr Kind einen Erfolg erzielt, hat die Mama mit Sicherheit daran mitgewirkt. Wenn ihr Kind Probleme jeglicher Art hat, räumt sie sie aus dem Weg, sodass ewige Dankbarkeit erforderlich ist und das Kind ein Leben lang unmündig bleibt. Wird das Kind gemobbt, ist die Schuld schnell gefunden: die Mutter des anderen Kindes – schließlich ist sie völlig unfähig, Kinder, Ehemann, Haushalt und Job unter einen Hut zu bringen ... Phf!

Das Wohlbefinden einer jüdischen Mutter hängt unmittelbar mit dem sichtbaren Glück und Erfolg ihrer Kinder zusammen. Und besonders damit, wie sehr sie daran teilhaben darf. Wird die Mutter nämlich von dem Glück ihres Kindes ausgeschlossen, straft sie es mit eigenem Leid. Doch auch Leid oder Sorge darf ein jüdisches Kind nicht in voller Gänze allein durchleben, denn mit dem Schmerz des Kindes entsteht in der Mutter ein so überwältigender eigener Schmerz, dass dieser den des Kindes völlig überschattet. Bezeichnend ist folgender Witz »*Die italienische Mutter sagt zum Kind: ›Iss dein Essen oder ich bringe dich um.‹ Die jüdische Mutter sagt: ›Iss dein Essen oder ich bringe mich um.‹*« Es gibt wahrscheinlich kaum eine neurotischere Beziehung als die zwischen erwachsenen jüdischen Kindern und ihren Müttern. Ein paar Tage, nachdem ich Sami entbunden hatte, rief eine Freundin meiner Mutter an, um zur Geburt zu gratulieren. »Mazal tov, Barbara! Von ganzem Herzen alles Gute! ... Kommst du zurecht? ... Hast du Hilfe? ...« »Vielen Dank, Ina. Lieb von dir. Ich bin gerade einfach so überwältigt vom Glück mit diesem kleinen Zwerg. Sami liegt gerade ganz entspannt und zufrieden schlafend auf meiner Brust. Ich genieße dieses wehrlose kleine Baby auf mir.« Darauf Ina: »Na, Prost Mahlzeit: *Freud* lässt grüßen!« »Du, Ina, damit habe ich überhaupt kein Problem. Ich zahle ihm später auch gerne selbst den Therapeuten, falls nötig!«

Alles, was das Kind einer typisch jüdischen Mame tut, sollte möglichst zu ihrem Glück und ihrer Zufriedenheit beitragen, denn die Schuld ihres Unglücks mag sich keiner aufhalsen. An der Last könnte man leicht zusammenbrechen, ersticken oder Aggressionen entwickeln, die sich anderweitig entladen müssen. Aber Achtung: Die anderen Mütter sehen alles! »Der Kleine hat ja eine ganz verrotzte Nase! Du, ich wische sie ihm mal ab. Ich weiß ja, wie anstrengend es ist, alles unter einen Hut zu bringen.« – »Deine Tochter hat diesen schlimmen Lehrer bekommen, da ist es sicher nicht leicht für sie, gute Noten zu schreiben. Aber mach' dir nichts draus. Ist ja erst die sechste Klasse.« – »Ich kann dir gerne das Rezept für meinen Tschulent (traditioneller Eintopf) geben, der dir neulich bei mir so geschmeckt hat. Aber egal, was du kochst, vergiss nie das Salz!« – »Deine Tochter reibt sich so häufig die Augen. Sag' mal, schläft sie genug? Kinder brauchen wirklich viel Schlaf, weißt du? Mein Daniel schläft wie ein Engel.« – »Ich finde es großartig, dass dein Sohn ein so fleißiger Arzt geworden ist. Den Doktortitel will er nicht?« – »Also mit 35 hatte ich schon drei Kinder. Wie alt ist deine Tochter nochmal?«

Bissige, eifersüchtige und teils bösartige Kommentare machen aber natürlich nicht nur die jüdischen Mütter. Das kennen alle Mamas, die auf Spielplätze gehen, diverse Baby-Kurse besuchen, es wagen, ihr Kind nicht zu stillen oder zu früh mit Brei zu füttern. Jede hat die Wahrheit für sich gepachtet. Mutter-Sein ist nicht leicht und der Druck enorm. Mütter geben ihr Bestes, opfern sich für ihre Kinder, ihr Ansehen und ihr Glück. Dabei geraten Mamas häufig in einen Strudel des Frusts, sodass sie nicht anders können, als Fehler bei den anderen Müttern zu suchen. Über die Fehler der anderen können sie wenigstens wieder ein klitzekleines Bisschen über ihre eigene Unzulänglichkeit hinauswachsen. Denn nur wenige sind in der Lage, sich einzugestehen, dass ihr Kind womöglich kein grandioses Genie mit tadellosem Lebenslauf und vor allem mit der perfekten Mutter ist.

Doch nicht nur die Kinder, ihre Fähigkeiten und Errungenschaften werden in der jüdischen Gemeinschaft begutachtet und bewertet. Ganz besonders gerne wurden früher auch private Festivitäten, die ein fester Bestandteil jüdischer Kultur und Tradition sind, beurteilt und verglichen. Hochzeiten, Bar- und Bat Mitzwahs oder Beschneidungsfeiern sind die Bühnen, auf denen eine Familie zeigen kann, was sie so drauf hat. Wieviel Liebe, Kreativität, Organisationstalent, Geschmack, Freude, Anstand und Religiosität stecken in der Familie? Hier treten alle Eitelkeiten zutage. Der Vater stellt seinen beruflichen Erfolg unter Beweis, die Mutter ihr perfektes Organisationstalent, guten Geschmack und Geschick darin, Freunde in einer eigens initiierten Überraschungsshow zu vereinen und damit zu zeigen, wie beliebt und geliebt alle sind. Kleider und Haare werden begutachtet, Dekorationen und Essen verglichen. Unterdessen betrinken sich heimlich minderjährige Kinder und zerstören das so mühsam erschaffene Bild der heilen Welt. Wir sind eine so kleine Gemeinschaft, dass wir quasi mit der Lupe in die Familien unserer Freunde gucken können und dennoch stetig versuchen, einen Schleier vor die eigene Linse zu ziehen. Wobei ich mich manchmal frage: Ist es tatsächlich die Gemeinde, die dieses Gefühl von Druck vermittelt oder womöglich einfach nur meine eigene Unsicherheit, die ich auf die vermeintlich kritischen Augen der Anderen projiziere? Ich befürchte Letzteres. Denn die schönsten Feste sind nie die künstlich aufgeplusterten, sondern immer die Authentischen.

Heutzutage arbeiten die meisten Mütter, sind viel selbstbewusster und emanzipierter und die Männer viel eingebundener in die Erziehung der Kinder. Obgleich ich mir mit dem heutigen Abstand vorkomme wie ein Überbleibsel aus den 50er-Jahren oder eine Reinkarnation der Generation meiner Mutter, so habe auch ich mir Arbeit gesucht, als ich Windeln, Fläschchen und Schnuller nicht mehr ertragen konnte und ein eigenes Leben neben der Kindererziehung vermisste.

Ich habe mich hemmungslos unwissend bei einer PR-Agentur beworben, ohne den blassesten Schimmer davon zu haben, was Öffentlichkeitsarbeit überhaupt ist. Ich wusste nur, es hat irgendetwas mit Medien zu tun, und das Büro lag perfekt zwischen zu Hause und Kindergarten. Nachdem ich mehrere Jahre am Stück müde wie ein Zombie Windeln gewechselt, auf Spielplätzen sinnfreie Gespräche über dämliche, selbstgebackene Stillkekse geführt und Pekip-Kurse besucht habe, fühlte ich mich plötzlich in einem stinknormalen Büro wie auf einem anderen Stern. Keiner, der mich vollkotzt, keiner, der 10-mal schreit: »Mama, Mama, Mama, Mama ... «, dabei an meinem Ärmel zieht, und niemand, der von der Toilette ruft: »Feeeertiiiiig!« Ich lernte mit der Zeit, was Public Relations ist, was der Chef von mir erwartet, und vor allem lernte ich eine andere Art der Anerkennung kennen. Und trotzdem hatte ich nie das Gefühl, einen Beruf so auszufüllen, wie den Job der Mutter. Nachdem Lior und ich uns getrennt hatten, saß ich eines Tages mit allen drei Kindern im Auto und dachte laut nach: »Ich muss mir jetzt schleunigst wieder eine Arbeit suchen. Was soll ich bloß machen? Was kann ich überhaupt?« Darauf antwortete mein damals achtjähriger Sohn Sami: »Also Mami, du kannst gut reden und du kannst auch sehr gut mit Menschen umgehen. Werde doch einfach Psychopath!«

CHAI

Wir Deutschen und unser Auto – eine Liebesgeschichte. Die Wagen werden gehegt und gepflegt, geputzt. Kindern wird verboten, im Wagen Dreck zu machen, und manch einer gibt seinem Auto sogar einen Kosenamen. Menschen dekorieren ihre Wagen mit Anhängern, Aufklebern, Stofftieren und Maskottchen, polieren und streicheln sie ab und zu auch mal. Wir nehmen sie zur Werkstatt, lassen checken und Reifen oder Öl wechseln, lackieren Kratzer und saugen bei Bedarf selbst die hinterste Ecke. Und das alles geschieht wahrscheinlich auch, weil die Wagen die tiefsten Abgründe ihrer Fahrer erleben. Der Verkehr und besonders die anderen Autofahrer können immense Aggressionen in uns hervorrufen. Wenn ich am Steuer sitze, kann auch ich innerhalb von Sekunden an die Decke gehen. Ich schimpfe und schreie, nur das Hupen kann ich mir meist gerade noch verkneifen. Meine Kinder gucken mich dann manchmal an, als sei ich eine bedauernswerte Wahnsinnige. Ein alter, grau-bärtiger Mann, der mir einmal mit seinem Lieferwagen den Weg abgeschnitten hatte, schrie mir aus dem Fahrerfenster mit langem, rollenden R zu: »Arrrrschloch bist du!« Ich war sprachlos und nicht sicher, ob ich lachen oder schreien sollte. Unsere Autos kennen uns schreiend, fluchend, manchmal weinend, lachend, diskutierend, singend, telefonierend, knutschend, pupsend und hemmungslos rülpsend.

Wie gut, dass Autos nicht reden können – sie hätten viel über uns zu berichten.

Manchmal möchten wir mit unseren Wagen auch ein Statement setzen. Ob über Aufkleber wie »Baby an Bord«, diverse Hunde- und Kindernamen, Umwelt- oder Politikplaketten, Fuchsschwänze, wehende Fahnen oder aber mit einer »verschlüsselten« Aussage am Kennzeichen. Gerne nutzen wir die eigenen Initialen oder die der Kinder, des Partners oder andere Buchstaben, die einem wichtig sind. Aber meist haben sie eine tiefe Bedeutung und schicken damit eine Botschaft an die Mitmenschen. Genauso ist es mit den Zahlen, die nach den Buchstaben auf dem Kennzeichen stehen: Geburtstage, Jubiläen und Glückszahlen zieren die Autoschilder. Wichtige, bedeutungsschwangere Inhalte werden auf dem kleinen Nummernschild transportiert.

Bei Autos von jüdischen Fahrern sieht man besonders häufig die Zahl 18. Sie steht für die Buchstaben »ח – Cha-J« des hebräischen Alphabets, die, wie alle Buchstaben im Hebräischen, auch eine Zahl und damit in der jüdischen Zahlenlehre, der Gematria, Bedeutungen transportieren. Cha-J steht insbesondere für das Leben. Wenn Juden sich beispielsweise zuprosten, sagen wir »Lechaim« – Auf das Leben – auf die Gesundheit. So haben Juden mit einem Kind häufig auf ihrem Autoschild die Nummer 18, Juden mit zwei Kindern die 1818 und Juden mit drei Kindern dann die Zahlen 1836. Es hat fast etwas von einem Davidstern, den sich Juden auf ihr Kennzeichen stanzen. Jüdische Autos cruisen quasi beschnitten, also gekennzeichnet über die Straßen. Und dabei soll eine solche Zahlenbotschaft doch für die meisten eine Art

Glücksbringer sein, ein segenreiches Omen für eine sichere Fahrt. So erkennen sich Juden an ihren Nummernschildern auf den Straßen und die Autos rufen sich gegenseitig ein Hoch auf das Leben zu.

Besonders skurril ist aber, dass die Zahl 18 eine ebenso wichtige Bedeutung für andere Menschen hat: Steht doch die Eins für den ersten Buchstaben des Alphabets und die Acht für den achten und so kommen wir auf die Buchstaben AH! Die Initialen des »Führers« – Adolf Hitler. Juden und Neonazis verbindet also die Zahl 18 auf absurde Art und Weise. Aber auch andere Zahlen haben für Neonazis Bedeutung und tragen eine verschlüsselte Botschaft. Die 28 beispielsweise steht für den 2. und 8. Buchstaben des Alphabetes und ist Abkürzung für Blood and Honour (Blut und Ehre) – die Losung der Hitler-Jugend. Ein paar der möglichen Interpretationsmöglichkeiten in der jüdischen Zahlenlehre für die 28 wären: Mein Leben, David David, und das Gute, Kraft, liebende Hand, goldene Hand ... Die jüdische Zahlenmystik hat Blood and Honour also eine ganze Menge Positives entgegenzusetzen. Ein Hoch auf die Gematria!

An meinem Auto stehen natürlich auch wichtige, verschlüsselte Botschaften an die Welt. Da wären zunächst zweimal der Buchstabe B, der natürlich für meinen Vor- und Nachnamen steht. Ich bin immer ein wenig stolz auf meine Initialen-Vetter gewesen: Bibi Blocksberg, Benjamin Blümchen, Boris Becker und Brigitte Bardot. Hinter meinen beiden B's steht dann die Zahl 13. Meine Glückszahl! An einem 13. gelang meiner Oma Helenka die Flucht von einem Todesmarsch und somit vor dem Tod, an einem 13. wurde mein Vater geboren, an einem 13. emigrierte er ganz allein aus der

Tschechoslowakei und konnte so meine Mutter kennenlernen, an einem 13. bin ich geboren, der 13. Sivan (jüd. Datum) ist der Geburtstag meines Sohnes Sami, an einem 13. feierten wir Lyels Bat Mitzwah und an einem 13. feierte ich die Premiere meines ersten Buches. Vielleicht lauter Zufälle, wer weiß? Umso schöner aber die Bedeutung meiner Glückszahl 13 in der Gematria. Die 13 steht für AHAVA – die Liebe. Und so liebe und zelebriere ich meine glückliche 13.

BEKENNTNIS

Durch den Frankfurter Osten führt eine für Autofahrer unglaublich nervige Straße, auf der gefühlt alle 50 Meter eine Ampel steht und den Verkehr, der dort sowieso schon extrem zäh ist, zusätzlich ausbremst. Auf dem Weg, meine Tochter Lyel von einem Kindergeburtstag im Indoor-Spielplatz »Tolliwood« abzuholen, bewegte ich meinen Wagen im Stopp-and-Go vorbei an der Eissporthalle auf der besagten Horrorstraße – hochschwanger mit meinem dritten Kind und dementsprechend emotional und nervlich geladen. Ich hasse es, zu spät zu kommen, und natürlich auch, in einem künstlichen Stau zu stehen. Alle paar Sekunden schaute ich auf die Uhr, mein Puls stieg und meine Laune sank und sank. Die Hormone spielten völlig verrückt. Wahrscheinlich kennen einige Frauen die Macht, die Schwangerschaftshormone über uns haben können, und dass sich ein kleines Genervt-Sein völlig grundlos in unbändige Verzweiflung wandeln kann, bei der man nicht weiß, ob man schreien oder weinen möchte – am liebsten beides gleichzeitig. Und der Himmel bewahre, es käme eine liebe Person in genau so einem Moment, streichelte mir über die Schulter und sagte mitfühlend: »Ganz ruhig! Alles wird gut!« Schon sähe ich, vor meinem geistigen Auge, wie ich mit hassverzerrtem Gesicht und aller Kraft, meine geballte Faust in Zeitlupe in Richtung des Streichelnden bewege, höre, wie ein langgezogener, verfremdeter Schrei meinem Hals entfährt und fantasiere mir Superkräfte herbei, mit denen ich alles und jeden in Kleinstteile zertrümmern kann.

Ich bewegte mich mit meinem Auto kaum voran – die Zeit lief. Mein Kind würde auf mich warten und alle Eltern über mich denken, ich sei eine Rabenmutter, die ihr Kind vergessen hat. Mein linker Fuß begann bei dem Schritttempo des Wagens nervös zu zappeln. Ich spürte meine Halsschlagader pochen, meinen Atem schneller und schwerer werden und versuchte, mich zu beherrschen, als meine Augen sich mit Tränen der Wut und Verzweiflung füllten. Schreien oder Weinen? Schreien oder Weinen? Schreien oder Weinen? Plötzlich machte es einen lauten Knall. Mein Oberkörper wurde erst nach vorne gepresst, um dann wieder nach hinten zu prallen. Mein rechter Fuß drückte so fest auf die Bremse, dass jeder Muskel meines Beines ein einziger Krampf war. Das Blut stieg mir die Beine, Arme und den gesamten Körper hinauf in den glühenden Kopf.

Ich bin meinem Vordermann aufgefahren – habe einen Verkehrsunfall verursacht. Mit der Erkenntnis der eingedellten Stoßstange des großen Kombi vor mir, entfuhr mir ein Schluchzen. Meine Arme sanken kraftlos auf die Beine und dicke Tränen tropften mir in den Schoß. Ich atmete tief ein, nahm ein Taschentuch aus der Tasche, schniefte fest meine triefende Nase und trocknete die Tränen. Dann hievte ich meinen dicken Babybauch aus dem Wagen. Da standen schon zwei Männer in dunklen Anzügen und begutachteten skeptisch, mit hochgezogenen Augenbrauen ihre kaputte Stoßstange. »Es tut mir so leid. Es ist definitiv meine Schuld gewesen. Bitte entschuldigen Sie!« Die

Männer schauten mich düster an und sagten nur: »Polizei!« Ich entgegnete: »Aber nein, wir brauchen keine Polizei. Ich bin schuld, schließlich bin ich Ihnen hinten auf das Auto gefahren. Ich gebe Ihnen meine Daten und Sie mir Ihre, und dann klären das die Versicherungen untereinander. Ja?« Die beiden Männer sahen mich skeptisch an und besprachen sich auf Türkisch. Indessen öffneten sich die hinteren Türen des dunklen Wagens und auch Türen der beiden Autos davor. Zwei kleine, alte, in schwarz gehüllte türkische Frauen begannen zu schimpfen und mit ihren Armen zu fuchteln. »Ohhhhh! Waaaas das? Nix guut. Ahhhh!« Sie wiegten ihre Oberkörper leidend vor und zurück. Auch die Leute aus den anderen Wagen kamen, schimpfend, auf mich zu – vorwiegend Männer, allesamt in Anzügen. In wenigen Sekunden war ich umringt von mindestens zehn türkischen Männern, die den Schaden begutachteten. »Was du machen? ... Oto kaputt ... Du fahren Oto Kollega, muss gucken! ... Allah Allah, du machen Oto kaputt, Frau ... Du blind? ...«

Ich bekam furchtbare Angst und wiederholte immer wieder schuldbeflissen: »Ich war's! Ja, ich trage die volle Schuld. Ich habe den Unfall verursacht.« Ich kleine, schwangere Jüdin, inmitten eines Tumults schimpfender Moslems mit erhobenen Armen, flehte um Vergebung. Meine hormongesteuerten Gefühle hatten die Macht über meine Vernunft vollends übernommen. Dass es bei der ganzen Angelegenheit lediglich um eine kaputte Stoßstange ging, rückte völlig in den Hintergrund. »Habe du Papiere? Isch fotografiere«, sagte einer der beiden Männer, der als Erster aus dem Unfallwagen gestiegen war, zu mir. Zitternd holte ich mein Portemonnaie aus dem Auto und zog

Führerschein, Fahrzeugpapiere und Versicherungskarte heraus und übergab sie dem Mann, nicht ohne mich erneut immer und immer wieder zu entschuldigen. Wie froh ich war, dass auf meinem Autoschild keine »18« stand. Während der eine Mann meine Papiere abfotografierte, kam der andere näher und sprach in einem ganz ruhigen Ton zu mir: »In Oto mein Papa. Ist Beerdigung von Papa. Wir spät.« Mein Herz hörte sekundenlang auf zu schlagen – ich starrte ihn an, bis ich wie ein Schlosshund lauthals anfing zu heulen. Die Tränen schossen nur so aus meinen Augen und ich schluchzte wie eine Wahnsinnige. Ich zeigte auf die kaputte Stoßstange: »Da ... da, da ist ... ihr Papa ... in einem Sarg?« Der Mann nickte freundlich. Meine Stimme überschlug sich in meinem erbärmlichen Geheule: »Es tuuuuut mir sooooo leid.« »Du schreibe, du schuld und wir fahre.« Der andere Mann hielt mir einen Stift und einen Zettel hin und bedeutete mir, mich zu bekennen. In diesem Moment hätte ich mich wahrscheinlich zu allem bekannt: zu einem Mord, zum Islam, zur AfD, zu Sünde und Frevel, zur Hysterie und selbstverständlich bekannte ich mich auch zur Schuld an diesem kleinen Aufprall. Meine zitternde Hand formte die Worte. Dann reichte der Mann mir einen weiteren Zettel, auf dem alle Daten des Unfallwagens und Fahrers standen. Kurz darauf war die gesamte Beerdigungsgesellschaft verschwunden. Die türkische Familie hatte sich wie in Luft aufgelöst und in meinem Ohr hallte nur noch ein »Güle Güle« nach.

Als ich endlich im »Tolliwood« ankam, wagte ich es nicht, einer der anderen Mütter in die Augen zu schauen. Schließlich hatte ich gerade eine Art Terroranschlag auf eine türkische Beerdigungskolonne verübt. Lyel schlang ihre Arme um mich, gab mir einen klebrigen Schokokuss auf die Wange, rief: »Ich fahre noch einmal mit dem Elektroauto, Mami«, und lief zu ihren Freunden. Mein gehauchtes: »Fahr' bitte vorsichtig, mein Schatz!«, hörte sie nicht mehr.

DIE NEUE GENERATION

Meine Kinder gehen in die jüdische Schule in Frankfurt, eine Privatschule, die von allen Frankfurter Juden besucht werden kann. Bedürftige Mitglieder werden von der Gemeinde unterstützt. Auch Nichtjuden haben die Möglichkeit, die Lichtigfeld-Schule zu besuchen, und stellen tatsächlich fast ein Drittel der Schüler. Es ist eine Schule mit sehr gutem Ruf und hohem Anspruch.

Die aus teilweise völlig unterschiedlichen Welten stammenden Kinder zu unterrichten ist bestimmt auch eine Herausforderung für die Lehrer: viele russische Zuwandererkinder mit sehr fordernden Eltern, die aber selbst kaum Deutsch sprechen, Kinder aus israelischen Familien, die nicht unbedingt europäische Umgangsformen pflegen, nichtjüdische Kinder, die noch nie von jüdischen Feiertagen gehört haben und deren Eltern befremdet vom Sicherheitspersonal vor der Schule sind, sehr bedürftige Kinder, Kinder mit starken Lernschwächen oder solche mit Hochbegabung, sehr wohlhabende Kinder, deren Eltern der Meinung sind, für das gezahlte Geld verdiene ihr Kind ganz spezielle Beachtung, und auch orthodoxe Kinder aus besonders frommen Familien. Alles unter einem Dach – quasi ein Klein-Israel mitten im Frankfurter Nordend.

Als meine Tochter Lyel in der vierten Klasse war, lasen die Kinder gemeinsam im Deutschunterricht einen Text über Dinosaurier. Plötzlich stand ein Junge auf und beschwerte sich lauthals, das seien alles Lügen. Es habe nie Dinosaurier gegeben und er weigere sich, das zu lernen, davon stehe nichts in der Thora. Die Lehrerin, völlig verunsichert, versuchte, ihn zu beruhigen, aber der orthodoxe Junge verließ aufgebracht den Klassenraum. Mich überforderte die Frage, wie man den Urknall und die wissenschaftlich belegte Urzeit mit der Schöpfungsgeschichte in Einklang bringen konnte, auch. Also fragte ich Alex, einen guten Freund, der mir erklärte, nirgendwo in der Bibel stehe geschrieben, welchen Zeitabstand die einzelnen Schöpfungstage haben, diese könnten ja theoretisch tausende Jahre auseinanderliegen, und so seien auch Dinosaurier durchaus denkbar. Diese für mich plausible Erklärung gab ich dann auch meiner Tochter, damit sie – bei erneutem Bedarf – eine Antwort parat hatte und strenggläubigen Schülern mit ihren Unsicherheiten gegenüber weltlichen Fakten etwas entgegensetzen konnte.

Mehrfach hatte ich davon gehört, dass manche streng orthodoxen Juden ihren Kindern nicht gestatteten, bei Schulausflügen eine Kirche von innen zu besichtigen. Darüber habe ich mich so empört, dass ich dazu bei nächster Gelegenheit eine orthodoxe Bekannte befragte. Der Grund sei die im Judentum verbotene Götzenanbetung, erläuterte sie mir. In der Kirche bete man zu Jesus am Kreuz und zu der heiligen Mutter Gottes und das sei Juden untersagt. Mir schien diese Erklärung ziemlich unlogisch und irgendwie auch intolerant. Eine kulturelle Exkursion ist schließlich kein Bekehrungsversuch. Es ärgert mich, wenn Menschen von ihren Mitmenschen Interesse und Offenheit fordern, aber selbst engstirnig sind.

Eine Freundin meiner Mutter beschwichtigte mich: »Du, Barbara, reg' dich nicht auf. Es gibt bestimmt noch zig andere Erklärungen dafür. Das Judentum besteht aus sehr vielen Gummi-Paragraphen.«

Das Schwierigste an manchen extrem Religiösen ist für mich aber, wenn sie den Grund für grauenvolle Geschehnisse im Unglauben suchen. Mein Sohn Sami kam eines Tages von der Schule und berichtete, sein frommer Mitschüler habe in der Klasse erklärt, am Holocaust seien Juden selbst schuld gewesen – es sei eine Strafe Gottes für mangelnden Glauben. Ich war fassungslos und begann, furchtbar zu schimpfen. Auch eine Freundin erzählte mir einmal todunglücklich und völlig hilflos, ihre Tochter habe ihr tränenüberströmt erklärt, es sei ihre Schuld, dass ihre Schwester sich den Arm gebrochen habe – schließlich lebe sie nicht religiös genug. Ich konnte meine Empörung darüber überhaupt nicht im Zaum halten und war sehr dankbar, dass meine Freundin das genauso sah und ihre Tochter schließlich beruhigen und eines Besseren belehren konnte. Derartig beschränkte Denkweisen gibt es in jeder Religion: kopflosen Fanatismus! Und der hat noch nie Gutes bewirkt.

Außerhalb der Schule hören meine Kinder aber wiederum ganz andere Dinge. Während ihres Schulpraktikums im Frankfurter Schauspielhaus wurde Lyel von einer jungen Mitarbeiterin gefragt: »Juden müssen keine Steuern zahlen, stimmt's?«

Sami und seine Freunde wurden von älteren Jugendlichen in einem Freibad als Fußballer des Vereins Makkabi erkannt und daraufhin beschimpft mit: »Ihr scheiß Juden! Man hat vergessen, euch zu vergasen!« Auf meinen Beschwerdebrief beim Schwimmbad bekam ich lediglich eine anonyme Antwort mit der Aussage: »Es tut uns leid, dass Sie Unannehmlichkeiten hatten. Bei uns sind alle willkommen. Ihre Bäderbetriebe Frankfurt.«

Ein wildfremder Mann schrie eines Tages aus heiterem Himmel meinen Sohn und seine Freunde (alle Nichtjuden) in der U-Bahn an: »Ihr Drecksjuden ... scheiß Judenkinder ... Schwuchteln ... Hurensöhne ...« Anschließend spuckte er auf den Boden. Als einer der Jungen ihn freundlich bat, sich zu beruhigen, entkam er nur knapp einem Fußtritt ins Gesicht. Dann stieg der Kerl aus. Erfreulich daran war nur, dass der Fall sofort bis zur höchsten Instanz bei der Kriminalpolizei ging, nachdem wir ihn zur Anzeige gebracht hatten.

Lyel zeigte mir eines Tages einen Instagram-Post, auf dem ihr guter Freund Gabriel als »der Jude« markiert worden war. Den Jungen, der das Foto gepostet hatte, kannte Lyel und fragte ihn, was er sich dabei gedacht habe. Er war sich keiner Schuld bewusst: »In der Schule nennen alle den Gabriel nur ›Jude‹ – ist ja auch der einzige Jude auf der ganzen Schule.«

Auf einer Party, bei der Lyel war, fragte ein Jugendlicher sarkastisch einen anderen Jungen: »Du bist Jude? Na, ... magst mal in die Dusche?«

Ein Handwerker, mit dem wir immer mal nett plauderten, wenn er bei uns etwas zu reparieren hatte, erklärte meinen Kindern: »Also, in euerm Alter hab ich gelernt bis zur Vergasung!«

Ein anderer Handwerker sprach mich auf den »Antisemitismus-Report« an, der in der ARD gelaufen war und in dem meine Kinder und ich als »normale« jüdische Familie gezeigt wurden. Mein Sohn sagte darin, dass er sich manchmal unsicher fühle, wenn er seine Davidsternkette in der Öffentlichkeit zeige. »Isch hab sie im Fernsehen gesehen. Aber jetzt ma ährlisch – so schlimm is des doch net.« Daraufhin erzählte ich ihm die Schwimmbadgeschichte meines Sohnes. »Aaaaaach, des is doch nur so ne Jungs-Neckerei. Des is wie wenn sisch Offebacher und Frankfurter gegenseitisch anzähle tun. Des soll der net so ernst nemme.«

UNSCHULD

Eine Verlegerin bat mich, etwas Lustiges zum Thema Antisemitismus zu schreiben – sie mache ein Buch mit vielen verschiedenen Autoren und Karikaturisten. Die Anfrage schmeichelte mir sehr, zumal wirklich namhafte Künstler dabei waren. Gleichzeitig geriet ich aber in eine Art Schockstarre. Barbara, schreibe etwas Lustiges! Möglichst schnell!

Da war er ... Dreifacher Druck: Schreib! Schnell! Lustig!

Wer kann denn auf Kommando lustig sein? Höchstens mein Bruder. Den kann man zu den bedrückendsten Veranstaltungen oder den steifsten Gesellschaften schicken und sich sicher sein, dass innerhalb weniger Minuten die Gesichtszüge aller Spießer gelockert sind und bald darauf das erste schallende Lachen zu hören ist. Aber ich? Ich zerbrach mir den Kopf. Was bitte ist lustig an Antisemitismus? Doch dann kam mir eine ganz andere Idee. Durch die Theatergruppen, die ich leite, kenne ich viele kleine Kinder. Diese sollten mir ihre Interpretation des Wortes »Antisemitismus« darlegen und ich würde lediglich unbedarfte Kinderaussagen abgeben, angelehnt an die Sendung »Dingsda«, die ich in den 1990er-Jahren sehr gerne geschaut habe. Die Verlegerin war angetan und ich machte mich an die Arbeit. In der Corona-Zeit, in der wir uns gerade befanden, blieb mir nur das Telefon. Die Kinder zwischen sechs und elf Jahren freuten sich darüber, mit mir zu telefonieren, und über die kleine Abwechslung. Mit dem Wort Antisemitismus waren aber alle völlig überfordert:

»Antisemi – waaaaas?«

»Klingt wie irgendetwas in den Sternen. Antisomatismus ... Hmm ...«

»Klingt nach Mobben.«

»Keine Ahnung! Was ist das?«

»Das klingt aber komisch. Klingt irgendwie ärztisch.«

»Das ist ein lustiges Wort. Dabei muss ich lachen.«

»Ich glaube, das ist sowas wie Sexismus. Geht gegen Menschen, die anders sind, glaub ich.«

»Oh je, das klingt wie gaaaaanz schwere Matheaufgaben.«

»Das ist etwas, das im ganzen Körper ist. Und auch im Herzen.«

»Simantismus? Das hat etwas mit Bäumen zu tun. Da fällt mir Grün zu ein.«

»Antisemitismus? Häää? ... Ääää ... Mmm ... das hängt irgendwie mit Apfelsaft zusammen, stimmt?«

»Da wo welche beleidigt werden.«

»Also Rassismus ist was Blödes und Antisemi-dingsbums ist was Gutes.«

»Vielleicht eine Überwachungskamera ... oder ein riesiger Hammer ... oder eine Spezialpistole ... aber ganz bestimmt eine Waffe.«

»Oh je, das hört sich kompliziert an.«

»Das ist irgendeine eine Krankheit. Oder eine Impfung? Auf jeden Fall etwas Schlechtes!« ...

Wirklich erstaunlich, dass die Kinder keine Ahnung hatten, aber umso schönere Aussagen. Der Verlegerin gefiel es zwar ausgesprochen gut, sie konnte es letztendlich aber doch nicht in ihr Buch integrieren. Eines interessierte sie aber sehr: »Woher hattest du die Kinder? War das eine Zufallsbefragung auf der Straße?« »Nein«, antwortete ich, »das sind Kinder aus der jüdischen Schule, die in den Theatergruppen sind, die ich leite.« »Wie bitte?«, entgegnete sie völlig schockiert. »Jüdische Kinder? Und die haben alle keine Ahnung was Antisemitismus ist? Das ist ja SCHRECKLICH!« »Schrecklich? Findest du? Ich finde das großartig. Genauso sollte es doch sein. Wie wunderbar wäre es, wenn keiner wüsste, was Antisemitismus ist! Wenn kein Kind, kein Mensch mit Rassismus oder Antisemitismus in Berührung käme. Aber leider ist das in dem Fall wahrscheinlich nur der Tatsache geschuldet, dass unsere Kinder in einer sehr behüteten Blase aufwachsen. In einem Rahmen, in dem natürlich überhaupt kein Raum für Antisemitismus ist.« Auf der anderen Seite der Leitung wurde es still. »Hm. Ja, an anderen Schulen läuft es ganz anders ab.«

Mit ihrer Unwissenheit nahmen die befragten Kinder dem Antisemitismus das Zerstörerische. Diese Unschuld rührt mich tief und gleichzeitig macht mir die künftige Konfrontation mit der wahren Welt, die ihnen bevorsteht, Sorge. Im Laufe des Lebens lernen wir Unterschiede und Befangenheit. Das macht uns arrogant und intolerant. Auf einem Facebook-Post las ich folgenden Spruch: »Ein Moslem, ein Jude, ein Christ und ein Atheist treffen sich in einem Café … und sie lachen, trinken Kaffee und werden gute Freunde. – Das ist kein dummer Witz. Denn das passiert, wenn du kein Arschloch bist.« … Oder dir deine kindliche Unschuld bewahrst.

JÜDISCHER FEMINISMUS

Ein »guter« jüdischer Junge hat in seiner Berufswahl große Freiheit. Er darf sich entfalten und all seinen Interessen und Neigungen nachgehen. Die Welt steht jüdischen Jungen völlig offen. Die jüdische Mame würde ihm niemals reinreden und ihm weder Vorwürfe noch Vorhaltungen machen. Nein, sie ist überglücklich und stolz, wenn der Sohn frei zwischen den Studiengängen Medizin, Jura und Betriebswirtschaft wählt und ein erfolgreicher Unternehmer, ein Doktor oder Advokat wird. Dann löst der Sohn keine Schnappatmung oder das Wachsen von grauem Haar auf dem kleinen Kopf der sensiblen Mama aus. Und das wiederum lässt den jüdischen Jungen zunächst wesentlich ruhiger schlafen; später folgen jedoch mit großer Wahrscheinlichkeit Sitzungen beim Therapeuten, in denen es ausschließlich um die Sorgen, Wünsche und Bemühungen der Mutter geht. So ist das, und jüdische Mütter machen sich selbst darüber lustig, ohne eine echte innere Wandlung zu erfahren.

Doch jüdische Omas sind moderner geworden. Das habe ich mit Erstaunen bei einem meiner beruflichen Projekte, der Produktion von Überraschungsfilmen für Bar- und Bat Mitzwah-Kinder festgestellt. Heute bezieht sich die »freie Berufswahl« nicht mehr nur auf die männlichen Nachkommen, sondern auch auf die Mädchen. Ich bat die äußerst kamerascheue

Oma Rena, Bat Mitzwah-Wünsche an ihre Enkelin in die Kamera zu sprechen. Thema des Films war der starke Hang zur Bühne, den das Mädchen, das gern singt und tanzt, hat. Und so legte Oma Rena ziemlich verkrampft, aber aus tiefer Überzeugung los: »Liebe Mira, du hast schon von klein auf allen gezeigt, dass du große Bühnentalente hast. Ich wünsche dir für dein Leben alles Gute. Du darfst alles werden, Ärztin, Anwältin oder Architektin.«

Ich fing beim Dreh an zu lachen, unterbrach und bat Rena, ihre Wünsche noch einmal, ohne die Vorgaben auszusprechen. Rena lachte mit, als sie realisierte, was sie da gesagt hatte. Das scheint die jüdische Form der Gleichstellung der Geschlechter zu sein.

TRAUMMANN

Nach der Trennung von meinem Exmann traf ich mich ein paarmal mit Männern, die ich über Online-Partner-Portalen kennengelernt hatte. Ich gebe zu, meine Freude daran hielt sich sehr in Grenzen. »Woher kommst du? Was machst du so beruflich? Hast du Kinder? Was machst du auf dieser Plattform? ...« Immer das gleiche Blabla, ohne auch nur die geringste Ahnung zu haben, ob all das stimmt, was der andere einem schreibt: wie er aussieht, wie die Stimme klingt, was er tut und mag, ob man denjenigen gut riechen kann oder ob es nicht gar ein völlig geistesgestörter Psychopath ist. Der Erste, den ich traf, brachte mir zum Treffen einen Brokkoli am langen Stiel mit, übergab diesen feierlich wie einen Blumenstrauß, saß stocksteif grad so wie sein Brokkoli vor mir, gab mir zum Abschied äußerst überschwänglich die Hand und sagte: »Du, das war echt unheimlich nett. Ich hoffe sehr, dass wir uns ganz bald wiedersehen!« Nachdem er mir das am Abend auch noch einmal geschrieben hatte, wusste ich, dass er das tatsächlich ernst meinte. Ich antwortete, dass ich leider nicht gleicher Meinung sei, ihm aber alles Gute wünsche.

Das nächste Date vereinbarte ich mit einem recht vielversprechenden Anwalt, mit dem ich vorher sogar telefoniert hatte. Schnell war er bereit, die knapp 200 Kilometer nach Frankfurt für ein Treffen auf sich zu nehmen. Und so geschah es. Ich saß bereits im Lokal, als die Tür aufging und er eintrat. Ich war einigermaßen erstaunt. Die Erwartungen, die über Profilbilder, Kurznachrichten und ein Telefonat aufgebaut werden, können innerhalb von Sekunden vollkommen in sich zusammenbrechen. Herein trat ein Mann von maximal 160 Zentimeter Größe und Händen, die kleiner waren als meine. Und meine sind wirklich klein. Gekleidet war er außerordentlich elegant. Feiner Zwirn, schicke Schuhe, alles ganz offensichtlich ziemlich teuer und perfekt diesem kleinen Männerkörper angepasst. Ein Wichtigtuer, der sich bemüht, mit übertriebener äußerer Korrektheit seine geringe Höhe zu kompensieren. Ich riss mich zusammen und versuchte, mein Staunen nicht zu zeigen. Sei nicht so oberflächlich, Barbara! Gib ihm eine Chance! Bestimmt ist er sehr nett, kultiviert und besonders lustig. Er gab seinen Mantel der Kellnerin, ohne »Danke« zu sagen, setzte sich, mich musternd, und lächelte – dabei zog er überheblich nur eine Seite seiner Lippen hoch. Der Versuch eines verführerischen Schlafzimmerblicks. Sehr verstörend! Verlegen begann ich das Gespräch: »Ja ... äh ... unglaublich, dass du spontan so einen langen Weg auf dich genommen hast, nur um mich zu treffen! Vielen Dank.« Er lehnte sich zurück, zog eine Augenbraue hoch, legte einen Ellbogen über die hohe Stuhllehne, musterte mich von oben bis zur Tischkante und hauchte lasziv: »Na ja, und wie ich sehe, hat sich das ja auch gelohnt.« Ich gab mir wirklich Mühe, aber ich glaube nicht, dass es mir gelang, meine Irritation zu verbergen. Wir hielten Smalltalk, bestellten etwas zu essen und begannen, über Filme zu reden. Eigentlich redete nur er. Als ihm der Titel eines Filmes nicht einfiel, von dem er mir erzählen wollte, bemühte er sich, ihn zu umschreiben:

»Na der ..., der amerikanische ... der mit dem berühmten NEGER!« Er sagte das Wort so laut, dass ich mich fast verschluckt hätte. Ängstlich sah ich mich zu den Nebentischen um, in der Hoffnung, im Lokal möge kein Mensch sein, der mich kannte. »Wie bitte?« Er wiederholte laut und deutlich: »Na der mit dem Neger.« Nun schluckte ich den letzten Rest, den ich noch im Mund hatte hinunter und starrte ihn entsetzt an. Ein rassistischer, aufgeblasener Napoleon. Ich war so perplex, dass ich nicht einmal in der Lage war, ihm irgendetwas Kluges zu entgegnen. Wieder lehnte er sich genüsslich zurück in seine Stuhllehne und schien mich mit seinem Blick bereits gedanklich auszuziehen. Ich entschuldigte mich wegen eines plötzlichen aufgetretenen Kopfschmerzes und ging. Als ich endlich in meinem Auto saß, entfuhr mir ein ziemlich lauter Ausruf des Ekels: »Bääääähhhhh!« Ob mich dieser Rassist wohl auch zum Essen eingeladen hätte, wenn er gewusst hätte, dass ich Jüdin bin?

Ich wagte ein drittes Date. Dieses Treffen war von einer Freundin arrangiert worden. Ich saß beim vereinbarten Griechen und herein kam ein großer, stattlicher Mann. Er grüßte freundlich, lächelte, benahm sich sogar anständig zu den Kellnern und schien durchaus interessant. Wir aßen, tranken und erzählten. Er berichtete von seinem Werdegang und ich hakte irgendwann scherzhaft nach: »Oh, na das muss ja ganz schön lang her sein?« Er konterte: »Ja, genau ... bei der Wehrmacht ...«, und begann schallend zu lachen. Mit diesem dämlichen Scherz war auch Ulf für mich abgehakt. Noch heute hallt das Wort Wehrmacht in meinen Ohren. War ich zu kritisch? Zu empfindlich? Ja, vielleicht, aber ich erinnerte mich an den Rat meiner Eltern aus der Jugend: »Uns ist nur wichtig, dass du glücklich bist, Barbara! Bedenke aber, dass Streit in einer Beziehung immer vorkommen kann und dabei rutschen auch einmal unbedachte Worte heraus. Ein jüdischer Mann wird dich jedenfalls im Affekt nicht ernsthaft als Jüdin beschimpfen können.« Da war was dran. Also lieber weg von Wehrmacht, Rassisten und Brokkoli. Ein Jude müsste wohl her.

Also meldete ich mich auf einem jüdischen Partnerportal an. Das Äquivalent zu Tinder – nur eben jüdisch. Hier würde ich den Anwalt, Geschäftsmann oder Doktor der Träume meiner Mutter bestimmt finden. Er würde anständig, liebevoll, intelligent, erfolgreich, tolerant, kinderlieb, großzügig und sehr familienfreundlich sein. Kurz: ein jüdischer Schwiegergott! JSwipe heißt die hoffnungsvolle App und bescheinigt ein sogenanntes Match zweier Teilnehmer, indem ein Bildchen von einem in die Luft gehobenen Stuhl und fliegende Davidsterne erscheinen. Darüber steht dann in blauer Schrift: »Mazel Tov!« Der Stuhl symbolisiert in Kombination mit dem übersetzten Ausruf »Herzlichen Glückwunsch/Viel Glück« eine jüdische Hochzeitsfeier, auf der die Brautleute von den Gästen auf Stühlen in die Luft gehoben und bejubelt werden. Die Sterne waren also mit dieser App und ich sehr gespannt. Eine Freundin gab mir im Vorfeld Ratschläge, wie ich mich auf meinem Profil »verkaufen« solle: keine Kinder erwähnen und definitiv unter 40 sein! Doch das ist nicht meine Art – bei mir gibt es harte Fakten! Drei Kinder und Mitte 40. Als ich anfing, mich durch die durchaus gutaussehenden jüdischen Optionen durchzuwischen, musste ich schmunzelnd feststellen, dass die meisten Männer auf dieser App 38 Jahre alt sind. Ein verrückter Zufall. Der erste »Match«, ein amerikanischer Philosophie-Professor an der Münchner Universität, schickte mir nach relativ kurzem, oberflächlichem Chat völlig zusammenhangslos und ohne Vorwarnung fünf DickPics (Bilder seines erigierten Penis) auf mein Handy. Ich bin fast in Ohnmacht gefallen, löschte ihn mitsamt den Bildern und dachte wehmütig an Ulf und die Wehrmacht.

Der nächste jüdische Match hörte beim Date nicht auf, über sich selbst zu reden: »Also, ich bin dies und das und kann auch jenes oder dieses, leite eine Firma mit X Angestellten ... Ich könnte dir auch den Rasen machen und deine Schränke geradeschrauben, dich einrenken, denn ich habe während meiner Profisportlerzeit auch Physiotherapie gelernt. Ich könnte deine Sprecher/Moderatorenkarriere ankurbeln, weil ich kenne viele Menschen beim Fernsehen und das mit der Technik kann ich dir auch beibringen, denn ich war mal DJ und kenne übrigens viele sehr bekannte Rapper und by the way: Möchtest du wissen, was ich für ein Auto fahre? Also meine Exfrau hat 'ne Schraube locker und deshalb habe ich eine schwere Zeit hinter mir und fünfzehn Kilo zu- und wieder abgenommen und kenne mich mit Ernährung sehr gut aus und auch mit der Hirnforschung und Psychologie, und mein Vater und meine Mutter und meine, meine, meine ...« Ahhh. Danke und tschüss!

Eine letzte Chance gab ich JSwipe und einem Herrn aus der Nähe von Frankfurt, der immer wieder nett schrieb, ob es mir gut gehe und mir einen guten Morgen oder eine gute Nacht wünschte. Das Bild wirkte sehr freundlich und ich hatte Zeit für ein (von ihm vorgeschlagenes gemeinsames) Eis. Entspannt saß ich neben dem Eiscafé in der Innenstadt an einen Brunnen gelehnt, ließ mir die Sonne auf die Nase scheinen und wartete. Plötzlich hörte ich ein »Hallo«, ich blinzelte und brauchte einige Sekunden, um zu realisieren, dass dieser kleine eichhörnchenartige Kerl in Hawaiihemd, Baskenmütze und mit fettigen Löckchen, die auf seiner Stirn klebten tatsächlich meine Verabredung war. Wir gingen in den Eissalon, holten uns jeder eine Kugel und setzten uns draußen an einen Tisch. Ein Gespräch entstand nur, wenn ich Fragen stellte. »Wo lebst du? Was machst du beruflich? Macht es dir Spaß? Wo hast du studiert? Warum lebst du nicht mehr in England? ...« Von seiner Seite kam nichts. Er hatte eine eigenartige Art zu reden. Dabei rieb er mehrfach sehr schnell seine Schneidezähne an der Unterlippe, oder umgekehrt und zog die Nase hoch – wie ein Nagetier eben. Außerdem hob er seine Augenbrauen nur an der Innenseite, missbilligend, als habe er vor sich ein kleines, unwürdiges Nichts sitzen. Er wirkte wie aus einem Comic. Wäre ich nicht derart erstaunt darüber gewesen, dass bei ihm so nichts zusammenpassen wollte, hätte ich wahrscheinlich laut gelacht.

Arrogant lehnte sich der kleine jüdische Mann mit erhobenen Augenbrauen plötzlich nach vorn und sagte: »Also, ... normalerweise habe ich drei Fragen, die meine Ausschlusskriterien für Frauen sind. Wenn eine davon mit ›Ja‹ beantwortet wird, geht absolut nichts!« »Aha, interessant«, ich schmunzelte »und, hast du die Fragen bereits gestellt?«, fragte ich etwas ironisch. »Nein, noch nicht.« So so. »Na dann schieß mal los!« Gespannt lehnte ich mich vor und lauschte. »Also: (es folgte eine dramatische Pause) Bist du Beamtin?« Ich antwortete mit großem Erstaunen: »Waaas? ... Äh, Nein?!« »Aha.

Gut. Zweitens: Bist du Handballerin?« Jetzt musste ich lachen: »Bitte was? Handballerin? Nein.« Er nagte aufgeregt seine Unterlippe. »Hm. Und jetzt zu meiner letzten Frage: Bist du schwanger?« Nicht sein Ernst! Oh mein Gott, das glaubt mir kein Mensch! Das muss ich unbedingt Lotte erzählen! »Habe ich dich richtig verstanden? Die Frau, mit der du in Erwägung ziehen würdest auszugehen, darf keine Beamtin, keine Handballerin und auch nicht schwanger sein?« Seine Zähne rieben die Unterlippe und die Nase schnüffelte. Seine Oberarme schienen am Körper festgewachsen, die Unterarme und Hände hingegen bewegten sich rhythmisch mit seinem jüdischen Singsang. Genau wie sein Kopf, den er bei jedem zweiten Wort auf die andere Seite wiegte: »Ja. Genau. Wobei, ... Lehrerin dürfte sie vielleicht schon noch sein.« »Na, du bist aber ganz schön großzügig und wahnsinnig tolerant ... Hör' zu, Gabriel, ich habe zwar alle drei Fragen mit Nein beantwortet, aber ich muss dir sagen, bei mir werden sich keine Schmetterlinge einstellen. Es war sehr nett mit dir, aber ich denke, wir sollten es dabei belassen.« Er schaute kurz zur Seite, schnüffelte und nickte enttäuscht: »Ok.«

Wie klug der marokkanische Junge in der Kasseler Gesamtschule doch war, als er mir die Frage stellte: »Wenn es so wenige Juden auf der Welt gibt, wie hast du dann deinen Mann kennengelernt?« Auf einer Online-Plattform jedenfalls nicht!

DER FRISÖR

Unsere Israelurlaube mit Kindern verliefen in den ersten Jahren meist recht eintönig: Hotel, Strand, Hotel, Restaurant, Hotel. Ein herrlich dekadentes und faules Nichtstun also. Als die Kinder größer wurden, bekam ich aber auf so einer Strandliege relativ schnell »Spilkes im Tuches« (übersetzt: Stecknadeln im Hintern) – Unternehmungslust ergriff mich. Und so beschlossen meine Mutter und ich im Jahr 2017, in Tel Aviv ein Auto zu mieten und mit den Kindern ein wenig herumzufahren. Schon das Autofahren selbst ist in Israel ein kleines Abenteuer, und wer einmal in Israel gewesen ist, weiß, dass der Verkehr dort nicht nach mitteleuropäischen Maßstäben funktioniert. Die Fahrer sind emotional geladen, nicht immer regelkonform und haben eigentlich immer eine Hand auf der Hupe. Die Grundstimmung im Land ist gereizt und Gemüter sind leicht erregbar. In Anbetracht des Drucks und der ständigen Gefahr, die spürbar im Land lauert, völlig nachvollziehbar, ein Volk, das die Angst quasi einatmet – mit ihr erwacht und mit ihr schlafen geht. Dieser Druck entlädt sich scheinbar insbesondere im Straßenverkehr und auf der Auto-Hupe. 2000 Jahre Verfolgung merkt man dem Fahrstil der Israelis eben an. Meine Mutter, die wiederum Angst vor mir als Beifahrerin hat, überließ mir großmütig das Steuer, und so fuhren wir mit meinen drei Kindern auf dem Rücksitz nach Jerusalem. An das Gehupe gewöhnt man sich recht schnell und entwickelt ebenfalls einen engagierteren Fahrstil.

In Jerusalem besuchten wir zunächst einen entfernten Verwandten und seine Familie. Nach einem gemeinsamen Mittagessen machten meine Mutter, die Kinder und ich uns mit dem Bus auf den Weg in Richtung Kotel (Klagemauer), die am Fuße des Tempelberges steht. Als wir den Bus bestiegen, war dieser bereits voll mit ultraorthodoxen Familien. Ein sehr befremdlicher Anblick, zumal sie aussahen, als kämen sie aus einem polnischen Schtetl von vor 150 Jahren. Die kleinen Jungs trugen viel zu große Hosen, die hochgekrempelt und mit Kordeln durch die Gürtellaschen festgezogen waren. Schon die kleinsten Jungen hatten lange Pajes (traditionelle Schläfenlocken) und die Mädchen trugen selbstverständlich lange Strümpfe oder Strumpfhosen, Röcke und waren zugeknöpft bis zum Hals, ungeachtet der unglaublichen Hitze. Die Männer hatten Mäntel und riesige Pelzhüte auf, die Frauen Perücken. Sie wirkten wie aus einem alten Dokumentarfilm über arme verfolgte Juden in Osteuropa. Zwei der orthodoxen Männer entfernten sich sofort aus unserer Nähe, sie fürchteten wohl versehentliche Blickkontakte oder Berührungen. Ich zog die Augenbrauen hoch und fragte meine Mutter auf Tschechisch: »Wie wirken diese Leute wohl auf Nichtjuden, wenn sie sogar uns so unglaublich fremd vorkommen?« »Na mindestens wie Musliminnen in Burka. Total verstörend.« Wir lachten. Ich war ziemlich erleichtert, dass ich mit meiner Mutter zuvor Tschechisch gesprochen hatte, denn die Orthodoxen Juden sprachen nur Jiddisch und hätten unser Deutsch höchstwahrscheinlich verstanden.

Schließlich stiegen wir aus dem Bus und liefen entlang des Geländes mit den dicken alten Steinen, die Zeugen von fast zweitausend Jahren Geschichte sind. Um uns herum waren Menschen aller Nationalitäten und Religionen, ein erstaunliches Wirrwarr von Sprachen und Eindrücken. Jüdische Mütter aus aller Welt, die ihren Kindern hinterherliefen und ihre Männer ankeiften, christliche Pilgergruppen, die brav ihrem Reiseführer lauschten, ultraorthodoxe Juden, die zielgerichtet zur heiligen Mauer eilten, muslimische und russisch- oder griechisch-orthodoxe Frauen in langen Gewändern und Kopftüchern – kaum auseinanderzuhalten – und Touristen jeder Couleur mit hochgekrempelten Hosenbeinen, Baseball Caps oder Strohhüten, Sonnenbrand und der obligatorischen Kamera. Ich spürte: Hier war der Schmelztiegel der Geschichte, hier vereinte sich die Welt in ihren Traditionen, Wünschen, Hoffnungen und Ängsten.

»Mami, kann ich bitte endlich zum Frisör?«, unterbrach Sami meine tiefgründigen Gedanken. »Ernsthaft? Kannst du an nichts anderes denken als an deine Haare? Schaue dich mal um, wo du bist, was das bedeutet. Die ganze Welt ist hier, dem Ursprungsort der drei großen Weltreligionen.« Er ließ nicht locker: »Du hast mir versprochen, dass ich in Israel zum Frisör gehen kann. Und außerdem bin ich auch schon einmal mit Papi hier gewesen.« Mein Sohn hatte eine fantastische Lockenpracht, um die ich ihn unglaublich beneidete und die jeder bewunderte. Er sah mit seinem Lockenkopf einfach wahnsinnig süß aus. Aber im Zuge der fortschreitenden Pubertät war »süß« nicht gerade das Attribut, das er sich wünschte, und die Kindheit auf dem Kopf musste ab! Mein Mutterherz blutete schon bei dem Gedanken und so hatte ich ihn tatsächlich, in der Hoffnung, er möge seinen Wunsch vergessen, immer wieder vertröstet und einen möglichen Frisörtermin aufgeschoben. In Israel würde er sich sicher nicht daran erinnern. Pustekuchen! »Wo soll ich denn jetzt einen Frisör herzaubern? Wenn wir wieder in Tel Aviv sind, schauen wir mal, ok?« »Hm.« Ich lief energisch los und Sami trottete genervt hinterher.

Die engen Gassen, die zur Klagemauer führen, sind voll von orientalischen Händlern und ihrer Ware: Israelische Souvenirs des Landes und der drei Weltreligionen, bunte Tücher, duftende Gewürze, Geschirr, Teppiche, Köstlichkeiten des Nahen Ostens, Kaffee, Tee und und und. Die Händler schrien um die Wette, einer lauter als der andere. Wir drängten uns durch die Menschenmenge und waren von den vielen Geräuschen, Düften und Farben ein wenig überfordert.

Die Männer an den Ständen schienen alle arabische Israelis zu sein und auch das Publikum war vornehmlich arabisch. Die Sprache ängstigt mich ein bisschen, muss ich zugeben, ich assoziiere damit Bedrohung und Antisemitismus. Furchtbar vorurteilsbehaftet, aber ich fühlte mich plötzlich irgendwie unwohl. Wir hatten offenbar eine arabische Gasse erwischt. Hoffentlich führte die schmale Gasse trotzdem zur Klagemauer. Ich schaute mich immer wieder um, ob meine Kinder im Gewirr nicht verloren gingen.

Plötzlich sah ich links von mir einen winzigen Raum, in dem keine Waren angeboten wurden. Ein kleiner, greiser, hagerer Mann mit grauem Schnurrbart und Seitenscheitel stand vor dem offenen Eingang, lächelte mich an und zeigte mit der Schere in der Hand einladend nach innen. Ein Frisör! Ich lachte: »Sami! Schau mal, hier kannst du dir die Haare schneiden lassen«, schrie ich durch die Menge, »Na, wie wär's?« Der Gedanke, sich bei diesem alten arabischen Mann, in seinem völlig verdreckten und schmuddeligen, winzigen Raum, umgeben von diesen vielen Arabern, die Haare schneiden zu lassen, schien mir so absurd, dass ich völlig hemmungslos meinem Sohn dieses großzügige Angebot unterbreitete. »Cool! Und der ist bestimmt auch nicht teuer, Mami«, entfuhr es Sami sofort. »Sami, meinst du das ernst? Ich, ... ich wollte eher einen Witz machen. Willst du wirklich?« Meine Mutter begann zu lachen: »Báro, aus der Nummer kommst du jetzt nicht mehr raus.« »Sami, ich weiß nicht ... da hättest du zwar was zu erzählen, aber ob du danach so zufrieden mit den Haaren bist? Ich weiß nicht ...«, versuchte ich ihn zu überzeugen. »Doch! Mami, den find ich gut. Du hast es mir versprochen!« Ich hatte es versprochen, stimmt! Mein Herz rutschte mir in die Hose. Lyel guckte ihren Bruder entgeistert an. »Sami, nein! Guck mal, wie schmutzig es da ist. Das ist mega eklig.« Meine Tochter liebt die Ordnung und legt größten Wert auf ein gepflegtes Umfeld. »Ja, find ich super!« Und schon war Sami im Laden. Der Alte sah meinen verwirrten Blick. »Hello, I am Achmed. Is my shop and I work here from when I was 13.« Wow, also mindestens seit 60 Jahren. Ich lächelte verkrampft und nickte beeindruckt. »Can you cut my sons hair?« »Yes, Madame, of course.« Mit diesem Satz drehte er sich mitsamt seiner Schere um und folgte Sami in seinen ›Salon‹. Mir war, als hätte ich gerade meinen Sohn zum Schafott geführt. Vor meinem inneren Auge sah ich schon eine schreiende Horde Araber mit blitzenden Augen und erhobenen Fäusten »Allah u Akbar« um meinen Sohn herumspringen.

In dem winzigen Raum standen zwei schwarze, abgewetzte Frisör-, dahinter zwei Plastikstühle und ein Holzschemel für wartende Kunden. Alles war voller Haare, Staub, Flusen und Dreck. Ein steinaltes, rostiges Rasiergerät lag neben gebrochenen Kämmen und Bürsten auf der Ablage. Aus einem Radio, das mindestens 40 Jahre alt war, tönten arabische Gesänge. Der kleine, grauhaarige Achmed warf Sami einen dreckigen Umhang um und suchte nach dem richtigen Kamm. In der Zwischenzeit quetschten wir uns alle in den kleinen Raum und begutachteten die karge Ausstattung. Meine Mutter zückte die Handykamera und fotografierte. Lyel verließ den Laden sofort wieder: »Mami, ich warte draußen. Hier riecht es komisch und es ist so schmutzig, hier möchte ich mich nicht setzen.«

Meine Mutter, meine jüngere Tochter Lian und ich sahen die Hand Achmeds, die sich mit Messer und Schere bewaffnet an den Kopf meines Sohnes machte; wir hielten den Atem an. Ich beobachtete meinen Sohn und befand sowohl ihn als auch mich für absolut todesmutig. Gut, dass Lior das nicht mitbekam, er würde mich lynchen. Ein Araber mit einem stumpfen Messer an der Kehle meines kleinen süßen, jüdischen Bubele. Mein Herz raste, mein Verstand gab mir innerlich Backpfeifen für meine Vorurteile und mein Anstand begann eine angespannte, aber freundliche Konversation mit Achmed. Ich erfuhr, dass schon sein Vater den Salon geführt habe und es diesen seit 97 Jahren gebe. Achmed erzählte von seinen zwei Kindern und Enkeln und dass er ein gutes Leben habe. Mit den Juden sei er immer gut ausgekommen. Ich beobachtete seine Scheren- und Messerführung haargenau und entspannte mich zunehmend. Noch nie hatte ich einen

Frisör erlebt, der so gründlich, liebevoll und achtsam mit dem Kopf eines Kunden umging. Immer wieder prüfte er geduldig seine bisherige Arbeit. Als Sami nach etwa 40 Minuten fertig war, hatte er den großartigsten Haarschnitt, den man sich vorstellen konnte. Niemals wieder würde sich jemand derart penibel um jedes einzelne Härchen und den passenden Schnitt kümmern. Ich hatte Achmed ins Herz geschlossen und würde mich am liebsten für meine furchtbaren Gedanken bei ihm entschuldigen und ihn fest drücken. Er nahm Sami den Umhang ab, drehte den Frisörstuhl und präsentierte uns strahlend sein Werk. Vor mir saß mein Sohn, der seine Kinderlocken beim dreckigsten, aber freundlichsten und talentiertesten arabischen Frisör Israels gelassen hatte. Ich schämte mich für meine Arroganz und Angst, zahlte, gab ein großzügiges Trinkgeld, bedankte mich von Herzen und versicherte, dass wir eines Tages wiederkommen würden.

Beseelt liefen wir zur Klagemauer, schickten ein Stoßgebet in den Himmel und platzierten unsere Wunschzettel in den Ritzen der Wand. Nicht nur Samis Kopf ist an diesem Tag gewaschen worden.

WAS BLEIBT

Etwa 25 Jahre nach meinem Abitur habe ich auf einer Veranstaltung in unserem ehemaligen Gymnasium meine alte Schulfreundin Aurelia getroffen. Wir unterhielten uns über Dinge, die in der Zwischenzeit in unseren Leben geschehen waren: unsere Werdegänge, Ehen, Kinder, Trennung und natürlich auch über alte Zeiten: »Weißt du noch, dass wir in der Schule immer nebeneinander gesessen und sich die anderen über uns lustig gemacht haben, dass es uns beide nur im Doppelpack gibt? Wie siamesische Zwillinge. Und alle waren genervt, dass wir unsere guten mündlichen Noten eigentlich nur durch dämliche Fragen bekommen haben, die wir ständig stellten?« »Ja, das stimmt. Absolut«, antwortete ich. »Unter anderem deshalb wurde ich ja von einem Großteil unseres Jahrgangs später in der Abiturzeitung zu der Frau mit der ›längsten Leitung‹ gekürt.« Wir lachten. »Ach, Barbara, stell dir vor, ich habe unseren alten Physiklehrer neulich getroffen. Er hat mich erst nicht erkannt und dann habe ich gesagt: ›Ich bin doch die Aurelia, ... na die, die die immer neben Barbara Bišický gesessen hat!‹ Da ging ihm plötzlich ein Licht auf und er fragte: ›Barbara? Das war doch die Jüdin?‹ Darauf sagte ich ihm nur: ›Stimmt! Und das ist sie noch!‹«

DER ANFANG

Mir zitterten die Knie, als ich die Stufen des Synagogengebäudes in den zweiten Stock hinaufstieg. Ich hatte mich bewusst angemessen gekleidet, züchtig-elegant. Schließlich hatte ich keine Ahnung, was mich bei einem »Get« (der jüdischen Scheidung, »Get« heißt übersetzt Scheidebrief) erwartete. Als ich oben ankam, wartete Lior bereits in diesem dunklen, muffigen Flur, in dem sich 30 Jahre zuvor noch die jüdische Grundschule befunden hatte. Mit dem Anwachsen der Gemeinde in Frankfurt, vor allem durch russische Juden, konnte sich im Laufe der vergangenen Jahrzehnte auch die Schule erweitern und in neue Räumlichkeiten umziehen, in eine Schule, die stetig wächst, mittlerweile sogar eine Oberstufe hat.

Zitternd begrüßten wir uns und konnten unsere Unsicherheit nur schwer voreinander verbergen. Lior sagte, wir müssten warten, und scherzte, es sei hier wie auf dem Amt, nur ohne Nummern. Mehr als ein verkrampftes Lächeln brachte ich nicht zustande. Dann kam ein Mann aus einem der ehemaligen Unterrichtsräume. Klein, untersetzt, eine viel zu große, leicht getönte Brille auf der Nase, die an die »Vokuhila-Zeit« der 90er-Jahre erinnerte, und mit einer Frisur wie Gene Wilder: rötliche Locken mit sehr hoher Stirn. Er grinste und begrüßte Lior etwas zu überschwänglich. Seine Stimme hatte den typisch jüdischen Singsang. Mir stellte er sich als Gabi aus Düsseldorf vor und erklärte, er sei der Sekretär der ORD (Oberste Rabbinerkonferenz Deutschland). Wir sollen uns gedulden, wir seien die nächsten, bei dem Pärchen vor uns habe es etwas länger gedauert. Warum wohl? Mir schwirrten tausend Gedanken durch den Kopf. Was, wenn ich vor Aufregung in Tränen oder Gelächter ausbreche? Was, wenn man uns den »Get« nicht genehmigt? Was wird von uns erwartet? Wie darf ich mich verhalten? Wie nicht? Plötzlich öffnete sich die Tür und heraus kam der sympathische Frankfurter Rabbiner, begrüßte uns mit seinem sehr freundlichen und offenen Lächeln und lief weiter Richtung WC. Ich atmete aus und fühlte mich besser. Irgendwie bedeutete sein Gang zur Toilette für mich Besinnung aufs Hier und Jetzt, eine Landung in der Realität.

Nach einer knappen Stunde im dunklen Flur wurden wir hineingerufen. Ein kleiner Raum und drei Tische, die L-förmig angeordnet waren. An diesen Tischen saßen sieben dunkel gekleidete Männer. Einer davon war unser Frankfurter Rabbiner, ein weiterer war Gene Wilder, alias Gabi, und die anderen stellten sich uns als aus Israel angereiste Vertreter der Obersten Rabbinerkonferenz vor: drei Rabbiner, ein ritueller Schriftführer und ein Protokollant. Lior und ich wurden lächelnd begrüßt und setzten uns auf zwei Stühle mitten im Raum, den schwarzgekleideten Männern gegenüber.

Ich fühlte mich wie vor einem Tribunal: ich, allein mit acht Männern im Raum. Sieben davon würden über mich richten. Bis auf den Sekretär, der einst mit meinem Bruder Tischtennis gespielt hatte, und unseren Frankfurter Rabbiner konnte keiner der Herren Deutsch, sie blickten uns pflichtbewusst an. Schließlich begann einer der Rabbiner, er war wohl der wichtigste und erfahrenste, mit der Begrüßung und Befragung. Sofort fielen mir seine Füße auf, die er offensichtlich von seinen zu engen oder zu warmen Schuhen befreit hatte. Unter dem Tisch rieb er seine Fußsohlen eifrig gegeneinander, als wolle er sie massieren. Ich bin nicht sicher, ob ich mir bei dem Anblick einen angewiderten Gesichtsausdruck habe verkneifen können. Wirre Fantasien von Fußpilz und Hühneraugen huschten durch meinen nervösen Kopf, bis ich mich wieder auf den Grund meiner Anwesenheit besann: die Scheidung. Ja, wir wollen es beide. Ja, wir sind finanziell übereingekommen. Ja, wir sind uns über die Konsequenzen im Klaren. Nein, wir hegen keinen Groll gegeneinander. Brav und ein wenig naiv beantworteten wir die ersten Fragen des schuhlosen jüdischen Inquisitors. Dann erläuterte er uns in sehr brüchigem Englisch und mit ziemlich starkem Akzent, dass alles schriftlich festgehalten und im Anschluss mit einer antiken Feder, auf antikem Pergament, mit spezieller Tinte von dem extra aus Israel eingeflogenen Schreiber abgeschrieben werde. Das sei ein sehr bedeutsamer Prozess, bei dem dem Schreiber kein Fehler unterlaufen dürfe, sonst müsse die Prozedur wiederholt werden.

Dann folgte die eigentliche Befragung. Es ging um unsere Namen und die unserer Eltern, damit vor Gott auch absolut sicher war, wer hier voneinander getrennt wurde. Alle Koseformen der Namen und die Anzahl derer, die einen so nannten, waren unerlässlich. Erst dachte ich, es sei ein Scherz oder eine Art Irreführung, um eventuell noch bestehende Gefühle zu wecken. So lachten wir noch, als ich laut zu Lior sagte: »Vergiss Liortschik nicht.« Aber es war kein Witz. Minutiös wurden wir nach Vornamen, Zweitnamen, Kosenamen, Schreibweisen und die Beziehung zu den Menschen, die uns auf unterschiedliche Weise nannten, befragt. Das Gleiche galt für die Namen unserer Eltern und hier begannen die Schwierigkeiten.

»Barbaaaara, what is your fathers name?« Ich erklärte, dass mein Vater tot sei, aber Jan bzw. in tschechischer Koseform Honza hieß. Allein das verstörte die Herren so sehr, dass ich es bestimmt sechsmal wiederholen, buchstabieren und erklären musste. Dann kam die Frage nach dem jüdischen Vornamen meines Vaters. Ich wurde unsicher, drehte mich zum netten Frankfurter Rabbiner um und erklärte ihm, dass die tschechischen Juden seinerzeit sehr assimiliert und nicht wirklich religiös gewesen seien, dass mein Vater keinen jüdischen Vornamen gehabt habe. »You have had a jewish wedding, I am sure your father has a jewish middle name«, konstatierte der Schuhlose. »Well, I guess it's Chanan then.« »Ahhhhhhhhhhhh!«, tönte es erleichtert im Chor durch die bärtige Reihe. Als ich aber kein Dokument, außer der Ketuba (dem Ehevertrag) nennen konnte, auf dem der Name geschrieben stand, erhob sich wieder große Unruhe. Ich dachte an den Prager Rabbiner und schimpfte innerlich. »Barbaaaara, what name is written on your fathers grave?« Der Schuhlose kniff die Augen zusammen, neigte seinen Kopf und lächelte gezwungen, während er seine Fingerkuppen jeweils an beiden Händen zusammenpresste und sie mir mehrfach entgegenschwang. Ich wurde unsicher. »Jan Bišický!« Das steht da. »And in Hebrew?« Verdammt, ich hatte keine Ahnung. Steht irgendetwas auf Hebräisch auf dem Grab meines Vaters? Die Männer diskutierten auf Hebräisch. Der Schuhlose hob schließlich beide Arme und brachte damit die aufgewühlte Horde zum Schweigen. Lior und ich blickten uns unsicher um. Wieder der schräg gehaltene Kopf, zugekniffene Augen und dieses künstliche Lächeln. »Barbaaaara, where is your Mama? Can we call her?« Mir blieb das Herz stehen. Der Schuhlose wollte meine Mutter anrufen, die zu Hause wahrscheinlich seit zwei Stunden am Telefon auf meinen erlösenden Anruf wartete, dass es mir gut geht. Er bat, ich möge die Nummer wählen und ihm mein Handy reichen. Dann schaltete er den Lautsprecher an. Acht Männer und ich starrten auf den lächelnden Schuhlosen mit meinem klingelnden Handy in der Hand. Plötzlich die Stimme meiner Mutter und ihr entzückender tschechischer Akzent: »Halloooooo?« »Yees, hello Suzana? This is Rabbi Gershon from Israel.«

Ich hörte förmlich das Herz meiner Mama in die Hose rutschen. »How are you? I am here with your daughter and we have a little problem. Can you tell us, what is written on your husbands grave in Hebrew?« Die Situation war so absurd, dass ich nicht wusste, ob ich lachen oder schreien sollte. Meine Mutter erklärte Gershon in holprigem Englisch und mit zitternder Stimme, auf dem Grab meines Vaters stünde nichts auf Hebräisch, und so wurde das Gespräch wieder freundlich beendet. Die dunklen Männer diskutierten kurz das Geschehene und fuhren fort im Verhör: »Please spell: Barbara!« Nun rief wiederum mein Name höchste Unruhe hervor. Ich musste mehrfach bestätigen, dass ich tatsächlich als Jüdin geboren sei und keine Übergetretene, die sich erst später den jüdischen Mittelnamen Ruth hat geben lassen. Wieder Diskussionen. Die Herren konnten sich nicht darüber einigen, wie Barbara auf Hebräisch/Aramäisch geschrieben werden sollte, wie also mein Name auf dem antiken Pergament, mit der antiken Feder vom angereisten Spezialschreiber im Scheidungsdokument niedergeschrieben werden sollte. Die Rabbiner waren derart uneins, dass sie nun ein eigenes Telefon zückten und diesmal bis nach Jerusalem telefonierten, um sich der korrekten Schreibweise zu vergewissern. Mittlerweile waren wir seit über 90 Minuten in diesem kleinen Raum. Lior und ich blass und erschöpft, völlig ratlos ob dieses skurrilen Schauspiels. Ab und an trafen sich unsere Blicke, doch keiner von uns traute sich, die Augen zu verdrehen oder das Gesicht zu verziehen.

Als dann endlich alle Formalitäten und Namen geklärt waren und der Schuhlose sich in seine Schuhe zwang, wurde ich gebeten, den Raum zu verlassen. Nun begann das rituelle Schreiben des Scheidungsbriefes, bei dem lediglich der Noch-Ehemann dabei sein durfte. Nachdem ich eine weitere volle Stunde im tristen Flur gewartet hatte, Lior war zwischenzeitlich herausgekommen, wurden wir wieder zum Tribunal gerufen.

Jetzt begann die Scheidungszeremonie: Lior und ich sollten uns gegenüberstellen, die anderen Herren im Kreis um uns herum. Wieder einmal war ich allein mit acht Männern im Raum, diesmal sogar wortwörtlich umringt. Das handgeschriebene Schriftstück wurde Lior gereicht. Nachdem er dem Rabbiner mir unverständliche Worte auf Hebräisch nachgesprochen hatte, sollte ich meine Hände vor ihm öffnen, Handflächen nach oben. Das wichtige Papier, den Scheidungsbrief, würde Lior mir nun in die Hände fallen lassen, allerdings mit größter Vorsicht. Denn sollte es auf den Boden fallen, so müssten wir komplett von vorn beginnen, und zwar die gesamte Befragung inklusive Schreiben. Glücklicherweise wurde das Papier nicht auf dem Boden entweiht. Also konnte ich nun die mir zugetragene Aufgabe erfüllen und mir das Papier unter den Oberarm klemmen, Richtung Tür laufen, zurückkommen, um es dann wieder dem Schreiber auszuhändigen. Auch hier hätte das Schriftstück zu keinem Zeitpunkt auf den Boden fallen dürfen. Alle setzten sich wieder. Das mit antiker Feder auf antikem Pergament handschriftlich verfasste, abgesegnete und nicht durch Sturz entweihte Dokument wurde nun, nach über dreistündiger Scheidungszeremonie, rituell zerschnitten! Ich traute meinen Augen nicht. Zerschnitten!

Wir wurden darüber aufgeklärt, dass wir von nun an geschieden seien und Lior am nächsten Tag wieder heiraten dürfe. Ich müsse allerdings 93 Tage mit einer Neuvermählung warten. Schließlich könne ich ja vom Exmann schwanger sein und dieses Kind einem anderen Mann unterjubeln, wurde mir später erklärt.

Das war das erste und einzige Mal, dass ich froh darüber war, einem Rabbiner nicht die Hand zum Abschied reichen zu dürfen.

GLOSSAR

Ahava   Hebräisch: »Liebe«

Bar Mitzwah   »Sohn der Pflicht« – am 13. Geburtstag vollzogene festliche Einführung eines Jungen in den Rechtsstand des Erwachsenen, der für sein Handeln verantwortlich und den religiösen Pflichten unterworfen ist; erster öffentlicher Aufruf zur Tora-Lesung.

Baruch Haschem   Hebräisch: »Gott sei Dank / mit Gottes Hilfe«

Bat Mitzwah   »Tochter der Pflicht« – mit 12 Jahren sind Mädchen religiös mündig und angehalten die religiösen Pflichten und Regeln einzuhalten.

bli ajn hara   Hebräisch: Ohne böses Auge; abergläubischer Spruch, der negative Energien oder möglichen Neid fernhalten soll.

Chai   Hebräisch: »Leben«

Chanukka   Fest der Lichter zur Erinnerung an die Wiedereinweihung des Zweiten Tempels nach Entweihung durch fremden Götzenkult im Jahr 164 v.d.Z.; man feiert auch das Wunder, dass die Flamme einer Öllampe nicht nur einen Tag, sondern ganze acht Tage lang brannte; ein Symbol für den Sieg des Guten über das Böse.

Chanukkiah   Der Leuchter, der zu Chanukka entzündet wird. Acht der neun Arme stehen für die acht Tage, die das Chanukka-Fest gefeiert wird. Jeden Abend wird eine Kerze mehr entzündet, bis am letzten Abend alle acht Kerzen brennen. Der neunte Arm ist für die Kerze, die man Schamasch (Helfer) nennt, mit ihr werden die anderen Kerzen entzündet.

Chassiden / Chassidim   Religiöse Strömung der orthodoxen Juden – endstanden im 17. Jahrhundert in Osteuropa.

Chuppah Der Baldachin, unter dem ein Brautpaar vermählt wird. Er symbolisiert das Dach, unter dem die künftige Familie leben wird.

Chuzpe Jiddisch für schlaue Frechheit; charmante Unverschämtheit

Daf Hebräisch: »Seite«

Dreidel Kreisel – ein Spiel, das Kinder traditionell an Chanukka um Schokoladengoldstücke, Nüsse oder Rosinen spielen. Der Brauch ist vermutlich von einem deutschen Glücksspiel abgeleitet.

Gematria Die Zahlenlehre aus der Kabbala. Danach entspricht jeder Buchstabe einer Zahl und jede Zahl einem Wort.

Get Scheidebrief, den der Mann der Frau überreicht. Nimmt diese ihn an und geht ein paar Schritte mit dem Brief in der Hand, gilt die Scheidung als vollzogen.

Hagadah »Nacherzählung / Freiheitsurkunde«. Buch in dem die Gebets- und Gesangzeremonie in der richtigen Abfolge für den Seder, den ersten Abend des Pessachfestes, aufgeschrieben sind.

Jascher Kojach Hebräisch: »Bravo / möge es dir zur Stärke sein«

Jiddisch Sprache, die bereits vor ca. 1000 Jahren von aschkenasischen Juden in Europa gesprochen wurde. Viele Worte gibt es auch im deutschen Sprachgebrauch.

Jom Kippur Versöhnungsfest – zehn Tage nach Rosch ha-Schana, dem Neujahrsfest; die zehn Tage zwischen dem Neujahrsfest und Jom Kippur gelten als Tage der Reue und Umkehr, in denen Menschen versuchen sollen, die Folgen ihres Handelns und Denkens zu erfassen. Zusammen bilden Rosch ha-Schana und Jom Kippur die Hohen Feiertage.

Ketuba Heiratsvertrag, in dem die Pflichten des Mannes gegenüber der Frau festgehalten sind.

koscher Hebräisch: »rein / tauglich«; Bezeichnung für Nahrungsmittel die im Sinne der Kashrut, der Speisevorschriften im Judentum, gegessen werden dürfen. Z.B. gilt nur Fleisch von Wiederkäuern, die gespaltene Hufe haben, als koscher, aber auch nur dann, wenn es kein Blut mehr enthält und nicht in Kontakt zu Milchprodukten gekommen ist.

Kotel Klagemauer / Religiöse Stätte des Judentums; die westlichen Mauerreste des Tempels in der Altstadt von Jerusalem.

Lechaim Hebräisch: »auf das Leben«

Lubawitscher Eine chassidische Strömung des orthodoxen Judentums, ursprünglich aus dem Ort Ljubawitschi, auch bekannt unter der Abkürzung Chabad, entstanden im späten 18. Jahrhundert.

Mazal tov Hebräisch: »Gutes Glück / Herzlichen Glückwunsch«

Mikwe Ritualbad, mit einem Becken, das mindestens 500 Liter »lebendiges Wasser« (Grund- oder Regenwasser) enthalten muss und in das sieben Stufen hineinführen müssen. Es dient rituellen Tauchbädern, mit denen die religiöse Reinheit wieder hergestellt werden soll.

Oj Gewalt Jiddischer Ausruf: »Meine Güte!«

ORD Orthodoxe Rabbinerkonferenz Deutschland; Zusammenschluss orthodoxer Rabbiner, die für den Erhalt und die Weiterentwicklung jüdischer Tradition arbeiten.

Pajes (Pe'ot) Schläfenlocken (Hebräisch wörtlich: »Ecken«); aufgrund des Verbotes in Levitikus 19, 27, sein Kopfhaar rundum abzuschneiden, tragen viele orthodoxe Männer sowohl Bart, wie auch Schläfenlocken.

Paraschat Haschawua Der sog. »Wochenabschnitt«; der Teil der Tora, der in der aktuellen Woche im Schabbatgottesdienst gelesen wird.

Pessach Fest, das an den Auszug der Israeliten aus Ägypten und die Befreiung des Volkes aus der Sklaverei erinnert; Geburtsfest des Volkes Israel. Während der sieben Tage des Pessach-Festes dürfen nur Matza, aber kein gesäuertes Brot und auch keine anderen gesäuerten Teigprodukte gegessen werden.

Purim Ein Freudenfest, das an die Rettung der Israeliten vor der Auslöschung durch die Perser erinnert, wie sie im Buch Esther beschrieben ist. Ein sehr ausgelassenes Fest, an dem sich die Feiernden verkleiden.

Rosch ha Schana Das jüdische Neujahrsfest, Geburtstag der Welt, siehe dazu auch oben Jom Kippur.

Schabbat Der siebte Tag der Woche, der wöchentliche Ruhetag; an diesem Tag soll keine Arbeit verrichtet werden. Er beginnt mit dem Sonnenuntergang am Freitag und endet mit Einbruch der Nacht am Samstag. Den Schabbat zu halten, ist eines der zehn Gebote.

Schmates Jiddisch: »Fetzen«, abwertendes Wort für Kleidung oder Stoffe.

Shoa »Unheil / Zerstörung des Volkes Israel«; Heute: Bezeichnung für die systematische Vernichtung von Juden durch Deutsche im Nationalsozialismus.

Schomer Schabbat Ein Mensch, der die Regeln des Schabbat befolgt und einhält, der beispielsweise keine Arbeit verrichtet und keine elektrischen Geräte nutzt.

Simchat Tora Fest der »Freude an der Tora«; an Simchat Tora endet der Jahreszyklus der Lesung der Wochenabschnitte aus der Tora und beginnt direkt von Neuem. Anfang und Ende treffen zusammen.

Sukkot Laubhüttenfest; »Zeit unserer Freude«; Erntedankfest. Speisen werden in diesen Tagen in einer selbstgebauten »Sukka« eingenommen; dies symbolisiert die Vorläufigkeit menschlicher Existenz und erinnert an die Zeit nach der Befreiung aus der Knechtschaft, als das Volk Israel in der Wüste nicht in festen Behausungen lebte.

WIZO Women's International Zionist Organisation; Eine internationale Frauenorganisation, die ehrenamtlich tätig ist. Sie setzt sich für bedürftige Frauen, Kinder und ältere Menschen in Israel ein – unabhängig von Herkunft und Religion.

Sollte diese Publikation Links auf Webseiten Dritter enthalten, so übernehmen wir für deren Inhalte keine Haftung, da wir uns diese nicht zu eigen machen, sondern lediglich auf deren Stand zum Zeitpunkt der Erstveröffentlichung verweisen.

Penguin Random House Verlagsgruppe FSC® N001967

1. Auflage
Copyright © 2022 Gütersloher Verlagshaus, Gütersloh,
in der Penguin Random House Verlagsgruppe GmbH,
Neumarkter Str. 28, 81673 München

Umschlagfoto: Katia Klapproth, © Barbara Bišický-Ehrlich
Druck und Bindung: Friedrich Pustet GmbH & Co. KG, Regensburg
Printed in Germany
ISBN 978-3-579-07192-3
www.gtvh.de